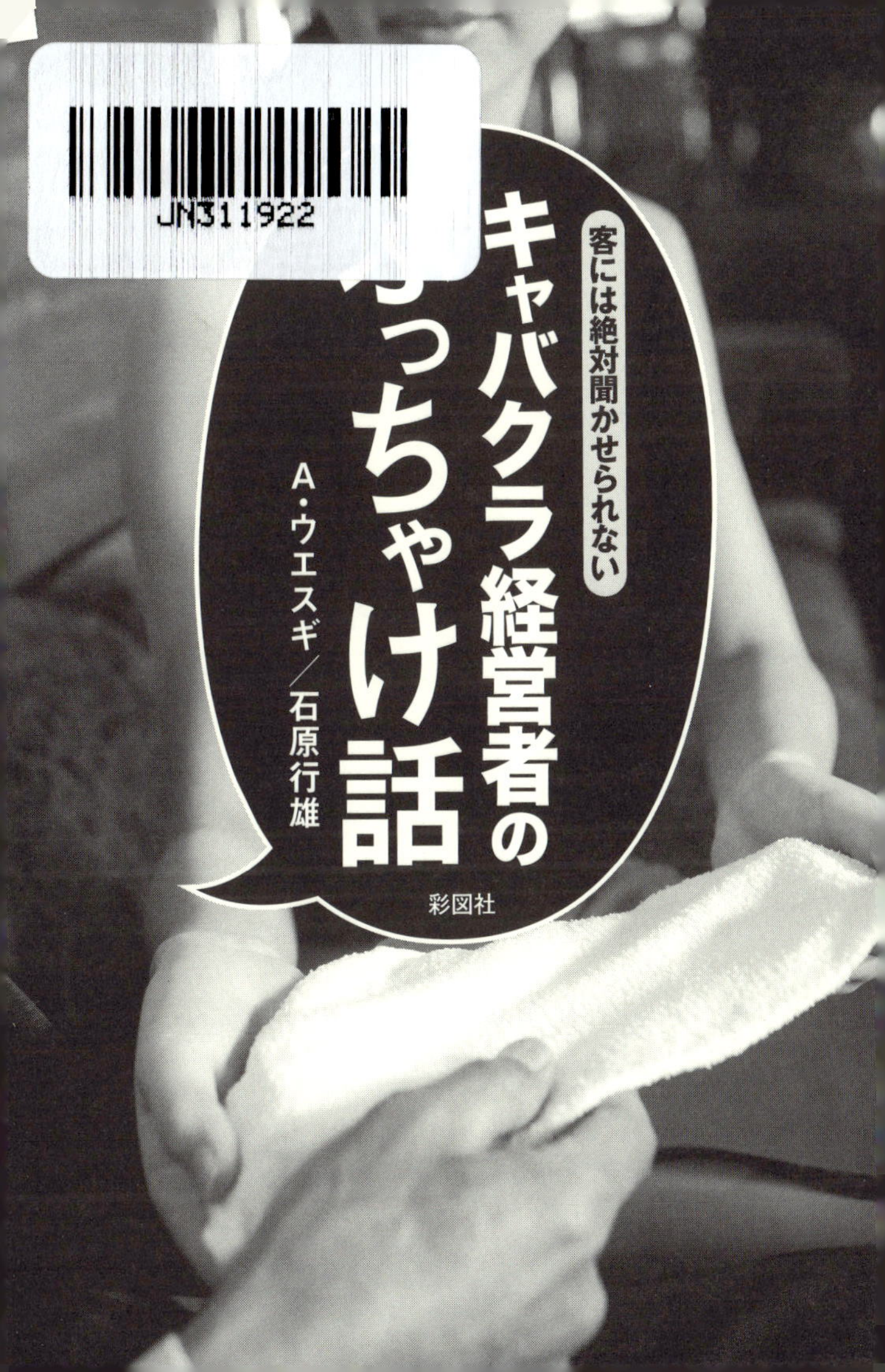
客には絶対聞かせられない
キャバクラ経営者のぶっちゃけ話
A・ウエスギ／石原行雄
彩図社

はじめに

いらっしゃいませ、ようこそご来店くださいました。

お一人様でいらっしゃいますか？　女の子のご指名などはございますか？　……承知しました。それではどうぞ、こちらのテーブルへ。

これからご披露いたしますお話は、夜の街の裏の世界のヤバいものばかりでございます。

本指名・場内指名・同伴出勤。

アフター・店外デート・枕営業。

酒・カネ・嫉妬・女のイジメ。

色恋・セックス・シングルマザー。

さらには、ヤクザ・暴力・詐欺《さぎ》・汚職。

果てには、噂・暴露・ガサ入れ・逮捕……。

この私、ウエスギが水商売の世界に入って20数年、キャバクラ経営者となって10数年の間に、見て、聞いて、体験して、そして、巻き込まれてきた、とっておきのお話です。

普段であればお客様にお聞かせするのは、はばかられるものばかりです……が、今夜だけ、この本をご覧の方にだけ特別に、ご披露したいと思います。


シャンデリア、カクテルグラス、ドレスをまとったキャストたち——。

うわべはきらびやかなこの世界も、ひと皮剥《む》けばそれはもう、どす黒くておどろおどろしい現実ばかりでございます。

まあ、しかし、それも当然でしょう。キャバクラという空間は良くも悪くも、人間の欲望の掃きだめ・吹きだまりですから。

実態を知るのが怖ろしい?

キレイなものには、キレイなままでいてほしい?

それもよろしいでしょう。

でも、もしアナタがキャバクラをお好きなら、足をお運びいただく前に、お耳に入れておいて損はないかと存じます。

心の準備はよろしいでしょうか?

はい、それでは、まいりましょう。どうぞごゆっくり、存分にお楽しみくださいませ……。

客には絶対聞かせられない
キャバクラ経営者のぶっちゃけ話 ―目次―

第2章 カネにまつわる打ち明け話――51

第4章　修羅場にまつわる打ち明け話——141

章扉画像：Sean Pavone / Shutterstock.com

【第1章】女《キャスト》にまつわる打ち明け話

夜の蝶たちの昼の顔――女子寮の8割はゴミ屋敷

これは言うまでもないことですが、キャバクラで一番の売り物といえば、ホステス――つまりは、キャバ嬢です。

2000年代の中後半からは「キャスト」と呼ぶのが主流になっていますが、まあ要するに女ですね。そのキャストの頭数をいかに確保するか、これがキャバクラ経営の大きなポイントと言っていいでしょう。

で、女の子たちを集めるために欠かせないのが、寮です。

テーブル席が6~7席以上あって、MAXでお客様を入れたら50人以上入る店を俗に「大箱《おおばこ》」と、テーブル3~4席+カウンター席程度の店を俗に「小箱《こばこ》」と呼びますが、大箱を運営している会社なら、まずたいていは寮を持っているんじゃないでしょうか。

ウチの会社でも、6~8畳のワンルームマンションをいくつか借り上げて、それを女子寮にして、女の子たちを住まわせています。

なぜ女子寮が必要かって？　キャスト志望で面接に来る子には、ワケありな子が多いからです。

例えば、借金があるせいで家賃を滞納しまくって、アパートを追い出されたとか、同棲するDV彼氏から、化粧ポーチと財布だけを持って着の身着のままで逃げてきたとか……。キャバクラは現代の〝駆け込み寺〟でもあるのです。

そんなワケありの子が面接に来ても、女子寮を持っていれば、「じゃあ、今日からうちの寮に住んで、今夜からでもお店に出てみるかい？」ってことができます。

いい子を取り逃がすことなく雇用できるというわけです。

寮費は給料から天引きなので、無一文でも入居できるし、当然、敷金や礼金も要らない。街の相場より安くもしているし、何より仕事がワンセットになっているから、路頭に迷わずに済む。女の子にとってもいいことずくめというわけです。

●これがキャバ嬢流・化粧水の使い方！

さて、その女子寮ですが……のっけからみなさんの夢を壊してしまうようで大変恐縮なのですが……、これがまたひどいものです。

ズバリ、10人中8人はゴミ屋敷になっています。「ちょっと散らかっている」などというレベルじゃありません。

まず、とにかく床には足の踏み場もない。服は脱いだら脱ぎっぱなしで、床に山積み。下着だって脱ぎっぱなしで、いくつも転がしたまま。

テーブルの上には、飲みかけのペットボトルがズラリ。そのほとんどに中身が残っていて、緑や黒のカビが繁殖している。灰皿も吸い殻が60本ぐらい突き刺さっていて、まるでイソギンチャクです。

さらにひどいのになると、使用済みの生理用品が部屋の真ん中に転がっていたりもします。意味がわかりません。

だからといって「社長が来るのに掃除もしないのか⁉」とでも言おうものなら、肌水とかSK-Ⅱとか、その辺に転がっている化粧水でテーブルの上を拭《ふ》きはじめる始末です。開発した資生堂などの方もガッカリでしょうね。

で、キャストにはペットを飼っている子が多いのですが、ろくに掃除もしていませんから、玄関ドアを開けた瞬間「ムワァ〜〜〜」っと、もう獣のニオイがすごい！　咳き込むほどです。当然、カーペットから何から全部、毛だらけです。

部屋だけではありません。普段着もなかなかひどいものです。ユニクロかドンキで売っているような、黒やどピンクの安物のスウェット上下。これに汚れきったキティちゃんか何かのサンダルを突っかけて、近所のコンビニくらいなら平気で出歩きますし、開き直った子となると、その格好のまま出勤して来ます。

「お客様に見られるかも知れないから、もう少し気をつかいなさい」

見つけるたびに言ってはいますが、直らない子は直りませんね。まあ、すっぴんだから誰にも気付かれないかも知れませんけど……。

●現代のシンデレラ、開店の時間が来たら大変身

キャストというのは、ズボラを絵に描いたようなそんな連中ですから、よく見ればひどい部分はいくらでもあります。

例えば、口の中。治療せずに虫歯を放置している子が、けっこういます。10人に2～3人はいるかも知れません。普通にしているとわかりませんが、ニコっと笑うと前歯が真っ黒く変色しているとか、ひどいのになると思いっきり穴が開いているとか。笑いを取ってどうするのでしょう?

そういうヤバい女の子たちをいかに教育して、いかに使いこなすか、口酸っぱく言ってヤル気にさせて、いかに稼げる子に育て上げるか——私ども経営陣にとっては、これがひとつの勝

負どころです。ズボラでヤバい女だからと切り捨てていてはキリがありませんから。

夜になってドレスで着飾り、髪とメイクをバッチリ作れば、完全な別人です。お客様は懸命に口説こうとします。

それに……これは不思議なことですが、私生活がダメダメなのに、異様にモテる子がいたりもします。

キャバクラにハマるお客様の目には、だらしない女の方が魅力的に映ることが少なからずあるようなのです。キッチリしたキャストだと、スキがないように感じるのかも知れません。愛情飢餓と言うのでしょうか？　だらしないキャストには愛情に飢えた子も多いので、その分、男につけ込むのが上手い。甘え上手なんですね。

キャストの8割がダメ女なら、お客様も8割くらいはダメ男《お》です。ある意味、需要と供給が上手く噛み合っているのかも知れません。世の中、上手くできたものです。

虫歯だらけの口にベロチューするなど、私には無理な話ですが……、まあ、外食産業と基本は同じでしょう。どんなに美味しいレストランでも、厨房を見てしまうと食べられなくなるという話、よく聞きますよね？　あれです。

私に言わせれば、夜の蝶たちも、表面のキレイなところだけを愛でて楽しむに限ります。

ヘルメット女に歯ナシ女……さらにヤバい面接の席

キャバクラは、お客様1名につきキャストも1人付けるのが基本です。

大入り満員のときには、例えば4人グループのテーブルにキャストが3人ということもありますが、それをやると、「何で俺たちの人数分、女が付かないんだ！」などとクレームになることもあります。

ですから、玉数＝キャストの在籍数は、多いに越したことはありません。やはりキャバクラにとってキャストは一番の売り物ですから。

……しかし、頭数が揃っているだけではダメです。常に新人が入って来ている状況を作ることも大切です。

新人キャストというものは、もうそれだけで売りになります。男は「新人」という響きに弱いものです。

入店するや「新人キャストを付けろ！」と自分から言ってくるお客様も少なくありません。

フリーでご来店のお客様でも、「今日入ったばかりの子です」と言って女の子を付けますと、以後、その子をオキニとしてお目当てに来店する「本指名」のお客様になっていただける率が高まるように感じます。

私の経営するグループでは、多ければ1店で月に10人ほどの新人キャストが入ってきます。グループ全体にすると、最多月で40人超といったところでしょうか。新人キャストをいかに確保するか――これは普遍的な問題です。

ウチの場合、キャストの募集条件は「18～30歳までの女性」。基本的にこれだけです。酒席ということになりますから高校在学生はダメですが、年齢条件が外れてさえいなければ、面接に来た女の子は、体験入店も含めて、一度は雇うことにしています。

月に40人もの女の子を確保するには、選り好みをしていてははじまりません。「来る者は拒まず」が基本です。

……それにもかかわらず、どうしてもウチでは採れない女というのも存在します。

●そのルックスでキャバ嬢志望？　これは新手の道場破りか⁇

キャストにズボラなのが多いことはお話ししましたが、不採用者となると、それに輪をかけた女がいます。

まず、パッと見て多いのは、プリン頭。キャスト志望者にはヤンキー上がりが多いのですが、派手な金髪もまともに手入れをしていないので、黒髪と金髪でバッキリとプリンになっているのが多いのです。

……いえ、プリンなどと生やさしいものじゃありません。どれだけ放置すればそうなるのか、耳のあたりから下の髪が脱色して傷んだ金髪なのですが、その上がツヤツヤとした黒髪で……と、まるで金髪のうえに真っ黒いヘルメットを被ったようなツートンカラーの女もいました。

せめて面接の前くらいは、髪を気にしてほしいものです。そんな最低限の気づかいもできないようでは、キャストが勤まるはずもありません。不採用です。

虫歯放置はズボラ者の基本なのかも知れませんが、不採用組は度を超えています。なんと、笑って口を大きく開けたら、前歯8本が全滅というのもいました。そんな女がタメ口で、「んで、あたし、いつから働けんの?」ですから……。いただけません。

しかし、何でもかんでも手入れをしていれば、それでいいというものでもありません。

ときどき来るのが、前髪をニワトリのトサカのようにおっ立てて、紫や黄緑の肩パッドの入ったジャケットを着た……、バブル世代のオバサンです。

そういった人たちは、厚化粧で武装しているからでしょうか、なぜか自信満々です。

「あたし、この街で昔からやってるホステスなのよ」などと経歴もそれなりです。お水の店を転々としているのです。

しかし、そうなると当然、歳がいってます。45~46というのも珍しくありません。若いキャストの子から見れば、お母さん世代です。それだけでもう募集条件からはみ出ているわけですが、しかし、彼女たちはそんなものおかまいなしです。

もちろん雇うわけがありません。絶対にフロアで浮きますから。

周りはハタチくらいのピチピチしたキャストなのに、その中でケバいオバサンが鼻息を荒くしているとか……お局状態です。よく堂々と面接に来られるものです。本当にハートが強い人たちです。

こういうオバサンは、断るのにもひと苦労です。

この手の女のダンナや彼氏――これもいい歳のオジサンなのですが――には、ヒモのような与太者が多いですから。不採用を告げると男が来て、「俺のオンナに恥かかせやがって！」などとネジ込まれたりして、面倒なことになるのです。

私の場合、「ウチよりもお似合いの店があります」と、知り合いの経営するスナックや熟女パブを紹介します。まあ、これ、ババ抜きでジョーカーを押し付けるような話なのですが……。

さらにヤバい女もいます。露骨に挙動不審な女です。

例えば、ただ話をしているだけなのに、キョロキョロと常に目が泳いでいたり、自分の顔やアゴを撫でたり、あるいは手のひらを握ったり開いたり、肩や首を触ったり髪を撫でたり……と、落ち着きのない女がいます。

こういうのは十中八九シャブ中です。関わり合いになってはいけません。何ごともなく帰ってもらえることを、ただ祈るばかりです。

飛びっきりキレイな子に来てくれと言っているわけではありません。普通の子でいいのです。ルックスも態度も口のきき方も、そこそこまともならそれでいいのです。

いえ、むしろ普通が一番です。

普通の子の方が、完成されていない分だけ、「どういうキャラに育てようか」、「どういうポジションに付かせようか」と、構想が広がるものです。

採ってはみたけれど期待外れだったという子も、もちろんいます。けれど、その逆に、思わぬ地味な子が大化けに化けて売れっ子になったりもするものです。こればっかりは何年この仕事をやっていても読み切れません。不思議なものです。

だからこそ、この仕事、面白くて飽きないのかも知れませんが。

キャバクラはシングルマザーの吹きだまり

女の子たちがキャストとしてキャバクラで働く目的は？

「たくさんの男に囲まれてチヤホヤされたい」

「お姫様のような髪やドレスで着飾ってみたい」

そんな子も中にはいます。しかし圧倒的に多いのは、間違いなくおカネです。

キャストの子たちは、口を開けばとにかく「カネ」です。お客様の顔など、福沢諭吉としか見ていません。

いかにカネ持ちの客を見極めて自分の太客《ふときゃく》にするか、いかにポイントを上げて給料の額を上げてゆくか——それしか考えていません。

ではなぜ彼女たちは、そこまでおカネに執着するのか？

ズバリ、借金のせいです。少ない子でも数十万、多い子となるとハタチそこそこの小娘のくせに、200～300万もの額を背負っています。

どうしてそれほどの借金を抱え込んでしまうのか？

物欲のせいです。

キャストには、物欲の異様に強い子が多い。ブランド物のバッグや財布を、とにかくポンポン買い換える。クルマだってそうです。新型車が出るたびに、衝動買いに近いノリですぐ乗り換える。

見栄っ張りの子が多いので、ライバルのキャストが新しいバッグやクルマを買ったとなると、「じゃあ自分も！」ともなりがちです。そうした日々の無駄づかいが積もり積もって、気付いたらブッ太《と》い借金になっていた……なんてことになるようです。

返済の綱渡りの日々で、本当におカネに困っている子などは、例えば昼間はＯＬや歯科技工士などをして稼ぎ、夜はキャバクラで働いて、そのうえで空いた時間にもパチンコ屋で働いたり……と、働きづめに働いています。色気もへったくれもありません。

●同情するならカネをくれ？　自業自得の自転車操業

いえ、もちろん借金持ちでない子もいます。しかし、そういう子でも、キャバで働く目的は、やっぱりおカネです。

生活費を稼ぐためです。

なぜそれほどまでに生活費が必要なのか？　シングルマザーだからです。子育てにおカネがかかるのです。

実は、キャバクラで働く女の子には、シングルマザーが異様に多い。ウチの店でも、在席キャストの半数以上を子持ちの子が占めたこともあります。

ひと口にシングルマザーと言っても、18、19で子供がいるくらいのことで驚いてはいけません。子供だって平気で2人くらいいますから。しかも、その2人の子の父親が別々ということだって珍しくありません。ハタチそこそこで3人の子持ち、しかも3人の子の父親が全員違うとか、そんな子さえいました。

そうしたシングルマザーたちも、ドレスで着飾り、キレイにメイクと髪を作れば、フロアの華として男たちに口説かれる存在となるわけです。あの手この手で口説き落とそうと必死なお客様の姿を見ると、申し訳ない気持ちで一杯になります。

――いえいえ、話はこれからです。

さらにビックリさせられるのは、子持ちのキャストに限って、働いているうちにいつの間にか、また妊娠していたりすることでしょう。驚くべき繁殖力です。

飲酒は胎児の成長によくありませんし、高いヒールでフロアを歩き回る仕事ですから、酔っぱらって転倒したら大変なことにもなりかねません。

ですからウチの系列各店では「妊娠したら強制休業」のお達しを出しているのですが、妊娠を隠して働き続けようとするキャストも少なくありません。

「子供が増えると、もっとおカネがかかるから」

それが彼女たちの言い分です。

2人の小さな子供を育てながら、お腹にも子供を宿して、それで昼間は自転車を乗り回してスーパーの安売りセール巡りで汗を流し、その後に夕方、盛り髪とメイクとドレスでキメて、男性客の待つフロアへと出て行くという……。たくましい話です。21世紀型の肝っ玉母ちゃんです。

ただし、身ごもったら速やかに申告すること。そして、乱れ髪のすっぴんで子供を負ぶってママチャリで激走する姿だけはお客様には見つからないこと。この2点だけは守ってほしいものですが……。

女の園はイジメの花園

若い女の子に囲まれて仕事をしていると、「ウエスギ社長がうらやましいですよ」なんてことをよく言われますが、実際はげんなりさせられることの方が多いものです。

——その最たるものがイジメです。女同士のイジメは陰湿で、えげつないものです。

舞台となるのは、キャスト用の控え室。

着替えたりヘアメイクを作ったり、テーブルに着いていないときに休憩したりするための、本来ならばキャストの子たちにとってほっとひと息つける空間のはずです。が、女の子が２人以上集まると悪口大会がはじまって、とても安息の場にはなりません。

女性が複数集まると、必ず派閥に分かれます。分かれたうえで、必ず敵対し合います。

敵対するグループの子の悪口を言うのは、基本中の基本です。

「あの子のヴィトン、ニセモノっぽくない？　バカだから騙されてニセモノつかまされちゃったんじゃない？」

「あの子、つむじのところ薄いよね？　だから髪、モリモリに盛ってるんだよ。ゲーハー隠しだよ」

しかも、陰口ではありません。本人や同じグループのキャストの前でも平気で言います。むしろ、わざと聞こえるように言ったりします。ひどいときには、ターゲットの子がボロボロ泣くまで言い続けます。

これを未然に防ぐためにも、キャストの勤務シフトには非常に気をつかいます。

「この子はこっちのグループで、こっちのグループと仲が悪いから、この子が8時出勤なら、この子は10時出勤にして……」と、敵対するキャスト同士が同じ時間帯の出勤にならないようにシフトを組むのです。少しでも顔を合わせないようにするわけです。

店には日々、次々と新しい子が入って来ます。そうした中には何人かに1人、それまで素人だったのに、いきなり売れる子というのが出てきます。それまでに売れていたキャストを余裕で抜いてナンバー1になるのです。

そうなると面白くないのは、それまでナンバー1を張っていた子です。ナンバー1クラスのキャストには、子分もたくさんいます。

——ここで古株による売れっ子新人イジメが、はじまります。

指名を受けまくる売れっ子には、当然ヘルプが必要となります。古株キャストと言えども、自分に指名が入っておらず手すきであれば、たとえ新人のテーブルでもヘルプに入らなければなりません。そんなとき、ヘルプに付いた古株が、あからさまな仏頂面で接客に当たったりします。静かなるイジメです。

テーブルに着く際、お客様にろくに挨拶もせず、その後もひと言もしゃべらず仏頂面で座り続けるのです。当然、座の雰囲気はブチ壊しです。長居をしそうなお客様が、早めに切り上げれば狙いどおり。売れっ子新人の売り上げが落ちるわけですから。

売れっ子新人とは別のテーブルに着いても、工作活動は欠かしません。

「あの新人の子、最近売れてるらしいね？」

お客様がそんな話を振ってきたら、しめたものです。

「あの子、枕営業やってるらしいんですよ……」

このひと言で、新人の商品価値はガタ落ちです。枕が事実かどうかは、この際、関係ありません。まあ、たいていは風評被害というところでしょう。

●大声で生理用品の商品名を連呼

新人のほかにもうひとつ、キャバクラ店内で格下とされる存在があります。ボーイです。彼らはヒエラルキーの最下層、パシリと同じ存在です。……と同時に、キャストの子たちのストレスの吐き出し先でもあるのです。

フロアではニコニコとかわいらしいキャストたちも、ひとたびバックヤードへ戻ると、ボーイたちに罵詈雑言を浴びせまくりです。これがまた容赦ありません。

「おいブサイク！　おまえがいると空気が悪くなるから、明日からもう店に来んな！」

言いがかり以外の何ものでもありません。

そのうえ、やれタバコを買ってこい、お菓子を買ってこいというのは当たり前、中には生理用ナプキンを買いに行かせたりする子までいます。男には買いにくいのをわかっていて、わざと買いに行かせるわけです。しかも……、

「あたしが買ってこいって言ったやつと違うでしょ！　チャームナップの夜用って言ったよね？　ちゃんと聞いてなかったの!?　あんたって何やらせてもダメだね！」

同僚のボーイや、ほかのキャストが見ている前で激しくののしられたうえで、正しい商品名を何度も復唱させられて買い直しに行かされたりもするほどです。

「さすがにかわいそうだろ。経営者だったら助けてあげればいいじゃないか」

そう思う方もいるでしょう。でも、それはいけません。

私のような上の人間が安易に介入してはダメです。どちらかの肩を持つような形になるのは、よくありません。もう一方がヘソを曲げてしまって、かえって店が上手く回らなくなりますから。イジメられる方にとっても、自分でどうにかしようという知恵を働かせなくなってしまうので、長い目で見ればよくありません。

結局は、度の過ぎないよう注意を払いつつも、見て見ぬふりをするのが一番なのです。やめるように言ったりはしません。むしろ積極的に見て見ぬふりをしています。これくらいのことでへこたれるような男では、夜の街ではやっていけませんから。

やられる方も、それを通じて、夜の街が弱肉強食の、実力勝負の世界でもあることを理解するのです。

夜の街は、食うか食われるかの厳しい世界です。特にキャバ嬢という商売は、女が身ひとつで生き抜いてゆく過酷な仕事です。多少なりとも気が強くなければ、やっていけないでしょう。まあ、正直なところ、そんな姿をそばで見ていると、オンナ嫌いにはなりますが。

決して深入りすることなく、ちょっと離れたところから眺めて愛でる。これが女の園の一番の楽しみ方でしょう。お客様には、そうした舞台裏を隠し通して、キレイなところだけをお見せする――これも私どもの大切な仕事なのかも知れません。

噂は街を駆け巡る――売れっ子キャストの暴かれた過去

ポッと出の新人がいきなり売れっ子になると、必ずバッシングのターゲットになります。ましてや店のナンバー1になったりすれば、蹴落とされた古株クラスが黙っちゃいません。

しかも、ときには10年に1人という逸材も存在します。そういう子は店の中だけでなく、夜の歓楽街全体の話題となります。

……ということは、つまり、夜の街全体でバッシングのターゲットにされるということをも意味します。

仕事柄、多い月には40～50人の女の子の面接をしている私ですが、その子を面接した日のことは、今でもしっかり覚えています。

テーブルをはさんで彼女と向き合った瞬間、

「こいつはイケる！」

そう直感しました。ずば抜けた美人顔だったからです。歳は21。女優の北川景子さんを、さらにもう少し大人っぽく磨《みが》いた感じの、すらりとした8頭身。しかもそのうえ、着衣のままでザッと見ても、バストが推定Gカップの96、ウエストが60弱、ヒップが90前後……。文句なしのプロポーションです。

そんな子が、鈴の鳴るような軽やかな声で、私の質問に丁寧に受け答えをする。躾《しつけ》もよく行き届いた、育ちのよさそうな娘さんでした。

これほどの上玉ならば、私のアンテナに引っかからないはずはないのですが、話を聞くと、やはりお水の仕事ははじめてとのこと。いや、よくぞ最初にウチの門を叩いてくれたものです。

もちろん即採用です。次の日の夜から、さっそく店に出てもらうことにしました。

●執念の身辺調査

いや、本当にいるものです。天性の才能を授けられた人間というのが。

彼女を仮に「景子」としておきましょうか。景子は初出勤から、その日の売り上げトップを記録しました。新人の初出勤日に景気のいいお客様の来店が重なると、ご祝儀として高いボトルを入れていただいたりすることも多く、ビギナーズラックで初日の売り上げがよくなるというのは、まあまあある話です。

けれど、景子の場合は違います。フリーで着かせたテーブルが、ことごとく景子の勧めるがままに高いボトルを入れたうえで、延長に継ぐ延長。その間、ほかのテーブルからも「あのキレイな子、こっちのテーブルに呼んでよ」などと、場内指名がかかりまくる。

いいえ、初日だけではありません。そうして接待したお客様が、翌日も、翌日も、さらにその翌日も、景子をお目当てにご来店です。そんなことが続いて、結局、その月の月間賞は景子が取りました。ナンバー2以下を大きく引き離しての、売り上げトップです。

こうなると、面白くないのは先輩キャストたちですが、景子の場合は格が違いすぎました。夜の街で働くキャスト全体から、にらまれてしまいました。

「すごいキャバ嬢がいるらしいぞ⁉」

噂を聞きつけた他店の常連客までも、かっさらってしまったからです。

夜の街には、裏のネットワークというものがあります。

街で飲み歩く常連のお客様同士というのは、しょっちゅう顔を合わせていますから、「どこそこのお店の売れっ子の誰が、どの店へ移籍した」など、女の子に関する情報を交換し合っていたりするのです。また、勤める店が違っても、夜の街で働く者同士、店をまたいでボーイ同士やキャスト同士で一緒に遊んだり、情報交換したりすることも珍しくありません。そうした横のつながりを通じて、情報が広まるのです。

街の噂はネットワークを通じて、夜の住人全体に共有されます。良い噂も、悪い噂も。正確な情報も、不正確な情報も……。

いきなり出現したキラ星のような新人――彼女の人気を妬《ねた》んだ連中は、この裏のネットワークを駆使しました。謎の新人・景子を追い落とすために。

このネットワーク、侮《あなど》れません。あっという間に景子の素性が割れました。

「あの子、小学校のときに親が蒸発したんだって。それで、施設から学校に通ってたんだよ」

「中学のときは小汚いジャージ姿で毎日、新聞配達してたんだって」

げに怖ろしきは女の嫉妬。景子を妬む者たちによって、証言が集められました。ご丁寧にも卒業アルバムの写真付きで。

そして、その卒業アルバムが元で、決定的な過去が暴かれました。

「写真と今と顔が全然違うじゃん！　これ、がっつり整形してるよ‼」

「○○金融から600万も引っぱってるらしいよ？　そのおカネで全身改造したんだよ！」

話は一気に広まりました。誰がやったのか、卒業写真のコピーまでが街に出回りました。

ほどなくして景子は姿を消しました。指を折って数えてみれば、この間わずか半年あまり。

彗星のように現れて、流星のごとく去ったのでした……。

潔癖すぎるキャスト、１時間おきに膣内洗浄

夜の街の裏ネットワークでは、あらゆる噂がささやかれます。

その筆頭格が、セックスに関するゴシップです。

キャストとセックスと言えば、真っ先に思いつくのが「枕営業」でしょう。気持ちを自分につなぎ止めておくために、あるいは高額な売り上げやプレゼントの見返りとして、キャストが客の男性とベッドをともにすることです。

この枕営業こと略称「枕」、実はキャスト同士の間では、もっとも忌み嫌われる行為とされています。枕をしたことが発覚すると、そのキャストは途端に「小汚い女」と見なされ、ハブにされたりするほどです。

特に、夜の街で派手に遊び歩いている、いわゆるヤリチン客にヤラレてしまうと、もういただけません。

ヤリチンに食われると、「簡単にいいようにされた女」とか、「使い捨てにされた女」とかと呼ばれて、キャストの格は地に落ちます。

また、その手のヤリチン客は、必ずほかの店でも食い散らかしていますし、キャストを食ったことを自慢したくて、自分から言いふらします。そんな話を耳にすれば、それまでオキニとして指名していたほかのお客様は離れてしまい、売り上げも確実に落ちます。

名実ともに打撃が大きいのです。

しかし、そうした噂以上にキャストにとって痛手となるのは、

「あの子、アソコが臭《くさ》いらしいよ」

これに尽きます。

その手の噂話の被害者が、ウチの店にもいました。

●ヴィトンのバッグに詰められたブツは……？

その子の名前を「花穂梨《かおり》」としておきましょう。

花穂梨はいつも、パンパンに膨れたバッグを持ち歩いていました。ルイヴィトンの中型のボストンバッグです。出勤時はもちろん、休日に繁華街で出くわしても、彼女はいつもそれを抱えていました。

中には、小型のペットボトルのようなものが詰まっていました。プチシャワー・セペという商品だそうです。ご存知でしょうか？　ノズルの付いたビニール製のボトルで、無菌の蒸留水が詰まったものです。

使い方は、ノズルを膣口から膣の中へ差し込んで、ボトルを握ってつぶすと中の水が吹き出て……そうです。膣内を洗浄するための携帯型の女性用品です。花穂梨はそれを常時10本も20本も、バッグに入れて持ち歩いているのでした。

性病でも持っているのかと思いましたが、違いました。

「アソコのニオイがしないように、小まめに〝中〟まで洗っていないと気が済まない」とのことでした。

店でも花穂梨は、控え室での待機中や、テーブルを離れたタイミングで、たびたびボトルを手にトイレへ入っていました。トイレで膣内を洗っていたわけです。

ペースはだいたい1時間に1回。指名を受けたテーブルが盛り上がって、延長が入った際などは、「ちょっと失礼します」と中座して控え室までプチシャワーを取りに行き、トイレで「ブシャーッ」と洗うそうです。そうしなければニオイが漏《も》れているようで気になって、接客に集中できないそうです。

しかし、膣は洗いすぎると、逆によくないと聞きます。善玉菌まで流してしまうので、かえって雑菌が繁殖して、性病になりやすいのだそうです。花穂梨にもそう教えましたが、彼女は過度な膣内洗浄をやめませんでした。

いや、正確には、やめられなかったのです。

手の皮膚がすりむけるほど四六時中、手洗いをしていないと気が済まない人というのがいますよね？　強迫観念というやつでしょうか。彼女は、あれの膣内バージョンだったようです。

よくよく話を聞きますと、どうやら以前、アソコのニオイを彼氏に茶化されたそうです。同じタイミングで、仲のいいキャストの子が「アソコが臭い」と噂を流され、人気がガタ落ちしたとか。それで「ヤバい！　洗わなくちゃ！」となったようです。

プチシャワー・セペは1本120ミリリットルだそうです。10本で1・2リットル、20本なら2・4リットル。女の子の細い腕には、ズシリと重いことでしょう。それでも常に手元にないと不安だそうです。女の園のイジメの恐さも、噂の破壊力も、花穂梨には痛いほどわかっているでしょうから、仕方ないのかも知れませんが……。

もしお客様が、幸運にもキャストと一夜をともに過ごす機会があって、そして、少しだけ不運なことにその子の局部がにおったとしても、その夜のことはどうぞ胸の奥へ秘してください。気の強いキャストの中にも、繊細な子がおりますゆえ――。

送迎車の中のドラマ

女子寮と並んで、キャバクラに欠かせないのが、送迎車です。

キャバクラは終業が深夜となるため、帰宅の足に公共の交通機関を利用できないキャストが必ず出ます。ほとんどの子がお酒を飲んでいるわけですから、自分のクルマを運転して帰るわけにはいきません。事故や事件を未然に防ぐためにも、店のクルマでボーイが家まで送り届ける必要があるわけです。

しかし、この送迎車の車中というのが、ひと騒動起こりやすい場でもあります。

酔いの力も手伝って、揉め事が起きたり、恋が芽生えたりと、数々のドラマが生まれるのです。中には〝招かざるドラマ〟も多々ありますが——。

ウチの店では、一度に大勢のキャストを運べるので、送迎車にはミニバンを使っています。

しかし、全員を乗せたら近い順に送り届けるだけ……と簡単にはいきません。

敵対しているキャスト同士を同じクルマで送ろうとすると、車内の空気が重苦しくなりますから。例えば、遠方の住まいで1時間近い道のりを同乗しても、絶対に口をききません。「あいつと一緒のクルマにしないで！」などとリクエストが入ることもしょっちゅうです。

ですから勤務シフトと同じで、仲の悪い子同士が1台のクルマに乗らないよう、乗車メンバーの組み合わせには頭を悩ませます。

巡回ルートもそうです。キャスト同士の力関係を読み違えると、「なんであたしより先にあの子を送ったわけ⁉」と、ボーイが責められたりします。面倒くさいったらありゃしません。

しかし、逆にデキるボーイは、この送迎という場を上手く利用します。

特定のグループのキャストだけで送迎車内を固めたり、あるいは次々と女の子が降りてゆき車内で最後の1人になったりすると、キャストはドライバー相手に愚痴を言ってきたりもします。仕事が終わって気を抜くのでしょう。安心して本音を口にするのです。

車内というのはひとつの密室です。敵対する誰かに聞き耳を立てられる危険もありませんから、日頃の雑談や面談では決して口にしないことも、つい飛び出しがちです。

頭の切れるボーイは、ただハンドルを握っているだけではありません。こうした愚痴を、しっかりと耳に焼き付けて、店長にそれとなく報告します。店長は、そうやって吸い上げた情報をもとに、店内の裏の人間関係やキャストのコンディションなどを把握するわけです。送迎車の中を、重要な情報収集の場とするのです。これを上手くできるボーイや店長がいる店は、確実に売り上げに表れます。

上手く愚痴を聞ければ、ボーイ個人も「あいつ、わかってるじゃん」などとキャストの間で一目置かれるようになります。そうなるとキャストからイジメられなくなるのはもちろん、ピンチの場面ではフォローまでしてもらえるようにもなり、仕事をしやすくなるものです。

そう、あらゆる機会を逃さず仕事に反映させるのが、デキる男の基本です。

●これぞまさに送り狼

あらゆる機会を〝個人的〟に逃さない、ちゃっかりしたボーイもいます。

——送ったついでに、ヤッちゃうのです。

上手いことするヤツは、数人を送る際、お目当てのキャストを送迎ルートの最後に回し、送ったついでにそのまま部屋へ上がり込んで……と、あらかじめ段取ったりもしています。はい、私も若くてやんちゃな頃は、そうやって何人もの子とねんごろになったものでした。

では逆に、できないボーイの場合は？

女の子たちも安心してしゃべれないのでしょう、使える情報が上がってくることは、まずありません。当然、キャストを食ったという話も一切耳にしません。

それどころか、もっとかわいそうなことになったりもします。

送迎ラストのキャストとドライバーが関係を持つことはよくあることですから、送りが最後になった子は翌日、噂話のネタにされがちです。

「○○ちゃん、昨日の送迎、最後だったでしょ？　運転してたボーイの○○君とヤッちゃったんじゃない？」

そんな風に茶化されるのです。こうした噂話、相手がデキるボーイなら笑い話で終わるのですが、相手がダメなボーイとなると問題が発生します。

「あたしが○○のバカとヤッたって話になってるんですけど？　あんなのと変な噂になって迷惑です！　もうアイツを送りのドライバーにしないでください！」

キャストから店長にクレームが入ったりするのです。

噂を立てられたキャストの中には、濡れ衣を晴らそうと、わざと同僚たちの前で、相手とされたダメボーイをこき下ろす子も出てきます。ボーイはヒエラルキーの最下層ですから、キャストに言い返すことは許されません。言われっぱなしのまま、涙目でじっとガマンしています。

かわいそうと言えばかわいそうな話ですが……まあ、そうした目に遭わないためにも、男なら仕事でのし上がる――やはりこれが大切です。

愛に生きるキャストの逃避行

着の身着のままでふらりと面接に来るような子がけっこういるわけですから、ある日突然、前触れもなく店を辞めて姿をくらませるキャストもけっこういます。

いわゆる〝飛ぶ〟というやつです。

「借金取りに今の居場所を突き止められたらしい」

「DVのダンナが寮の部屋に乗り込んできたらしい」

飛ぶ理由はさまざまですが、中でも多いのは〝愛の逃避行〟でしょう。

よくキャストから受ける相談事に、「彼氏と上手くいっていない」というのがあります。

よくよく話を聞くと、キャバ嬢という仕事柄、同伴出勤／アフター／店外デートなどでお客様と行動を共にすることで、本命の彼氏から嫉妬をされたり浮気を疑われたりすることが原因となっているようです。

彼氏が若いと特に「そんな仕事は辞めてくれ」となりがちです。「仕事を取るか？　俺を取るか？」というわけです。女々しい話です。かしこいキャストなら、そんなガキくさい男などスパッと切り捨てて、話のわかる次の男へ行くものです。稼げるキャストになるためには、彼氏の協力が重要ですし、彼氏の協力を得られないならプライベートは捨てる覚悟も必要です。

実際、ナンバー1、ナンバー2になるキャストには、すぐヤキモチを焼く若い彼氏には見切りをつけて、年上の男性に走る子が多いように感じます。

年上の男はそう簡単にヤキモチも焼かないし、好き勝手にもさせてくれる。「ケータイを見せろ」などとネチネチ詰め寄るようなみっともないことも、まずしないでしょう。年の離れた年上彼氏と付き合っている子は、「そういうところが楽でいい」と口を揃えます。

年上男がモテるのは、決しておカネを持っているからという理由だけではないのです。……まあ、これがエスカレートすると「家庭持ちと不倫するのが一番楽でいい」となり、かえって面倒なことにもなるわけですが。

ともかく、稼いでいるキャストは、同年代の彼氏↓年上の彼氏↓街の有力者……といったように男のグレードを上げながら、器用に仕事をこなしてゆくものです。

●置き手紙、そして失踪

しかし、不器用な子もいます。むしろ、大半はそんな子です。

不器用な子は、真っ直ぐに１人の男に惚れて、ぞっこんになって溺れてしまう。この手の子が彼氏と揉めると、面倒くさい事件のはじまりです。

ケンカをして熱くなるのもあるのでしょう。ひと騒ぎした後で、お決まりのベッドの中での仲直りの儀式を済ませると、

「もう○○君を困らせたくない！　一生２人で生きていくんだもん！」

自己陶酔の入った感じで、そんな風になりがちです。もはや２人はドラマの中の主人公です。あげくの果てに、「誰にも邪魔されないように」とか、「引き止められないように」とかと思うのでしょう――駆け落ちをします。

「ごめんなさい。あたしたちの幸せを祈っててください」

そんな置き手紙を寮の部屋に残し、手に手を取って２人で雲隠れしてしまうのです。

誰も邪魔などしませんし、ナンバー１・２・３クラスでもなければ引き止めもしません。普通に「辞めます」と言ってくれれば、「そうなんだ、お疲れ。じゃあ昨日までの給料を精算するから、後で事務所へ来てね」となるだけです。

失踪されると、後の始末が面倒です。たいてい家財道具や私物は放置されます。部屋を片づける手間がバカになりません。余計な仕事を振られたボーイは「あのバカ女が！」などとブー

たれながらやっています。

……いえ、話はこれで終わりません。このパターンには、ほとんど必ず続きがあります。

若い2人が勢いだけでよその街へ行っても、そうそう上手くいくものではありません。しかも、その手のことをやらかす男というのは、基本的にダメ男です。関係は長くて半年、ヘタをすると1カ月ほどでダメになります。

——すると、男と別れた女の子だけが、夜の街へ舞い戻ります。

出戻った女は、真っ先に私のところへ来るものです。

「また働かせてもらってもいいですか？」と。

ここまでが1セットです。

真実の愛に目覚めたはずの子が、夢破れてボロボロになっています。頼れる人もほかにないため私のところへ戻って来るわけですから、恥ずかしくもあるでしょう。それはもう見ていて痛々しいこともあります。

しかし、そうやって夜の蝶たちは、たくましく成長してゆくものです。駆け落ちは、情にもろいキャバ嬢の通過儀礼のひとつなのかも知れません。

まあ、するならするで、せめて部屋の片付けくらいは済ませてからにしてほしいのですが。

シャブと風俗堕《お》ち

夜の歓楽街というと、切っても切れないのが、ヤクザです。これはもう、いたるところにいます。

最近はヤクザもスマートになっていて、パッと見は普通のサラリーマンやそこらのオジサンといった風情です。いかにもなルックスの人は少なくなっています。

それでも、ヤクザは例外なく出入り禁止です。キッチリ見分けて、店から締め出さなくてはいけません。

なぜヤクザは出入り禁止なのかって？

まず、ヤクザが店にいると、確実にフロアの雰囲気は悪くなります。

ヤクザ者は基本的に態度が横暴だったりするものです。そんなのがにらみを利かせている横で、はしゃいだりキャストを口説いたりできると思いますか？　素人のお客様が離れてしまうことは確実です。

そして、何よりも注意すべきは、もうひとつ。シャブの蔓延《まんえん》を予防するためです。ヤクザが出入りするようになると、目を付けられたキャストがクスリを食わされてダメにされるのは、実はよくある話です。手っ取り早く女を落として、言いなりにさせて奴隷にするために、覚醒剤が使われるのです。

クスリを食わされて奴隷にされたキャストは、その後どうなるか？

どんな道をたどっても、最終的には性風俗店……ソープランドや、本番アリの闇デリヘルへ沈められることになるでしょう。

仮にヤクザの手で直接沈められなかったとしても、クスリの味を覚えたら、遅かれ早かれまとまったカネが必要になり、いずれにしろフーゾクで働くようになります。

経営者としては、これが困りものなのです。どんな売れっ子でも、フーゾクと掛け持ちをはじめると、じきにキャバクラを辞めてしまうからです。

理由はズバリ、フーゾクの方が稼げるからです。酔っぱらいに愛想を使って接待したり、電話やメールで営業をかけたりと、キャバクラで稼ぐためにはマメな仕込みも大切です。

そうした手間がバカらしくなるようです。最初は掛け持ちをしていても、すぐフーゾク専業になってしまいます。キャバクラ側の立場で言えば、貴重な人材の流出ということになります。

――かつて、こんなこともありました。

●激ヤセしたキャバ嬢が唐突に借金の打診

ある日、別の店で働く顔見知りのキャストから電話がありました。

「赤坂に出物の物件があるんです。そこの権利を買って、思い切って独立しようと思ってるんですけど、あと500万円ばかり足りないんです……」

つきましてはウエスギ社長、100万でも200万でもいいですから出資していただけませんか、と。

あまりにも唐突でした。しかもその子、しばらく前から、夜の街のネットワークで悪い噂が流れていました。

「○○ちゃん、最近ヤクザっぽい男と妙につるんでいるらしいよ」

きな臭い話でしたが、とりあえず会うことになりました。

顔を合わせてビックリしました。その子、見る影もなく激ヤセしていたからです。

「シャブをやってるな」

直感的にそう思いました。

だとすれば、関わり合いになってはダメです。出資の話はやんわりと断りました。

ほどなくして、その子が闇デリヘルへ流れたと耳にしました。これまた唐突な話です。しばらくはその子、闇デリで荒稼ぎをしていたそうですが、ある日突然、街から姿を消しました。赤坂に店を出したという話も聞きません。今どこで何をしているのか？　無事でいることを願います。

そうした子がいる中で、フーゾクから生還して、お水の店へ戻ってくる子もいます。ゴツい借金を返済し終えたのか、あるいはヤバい何かから足を洗ったのか、フーゾクを辞めてキャバ業界へ戻って来るのです。

復帰した子は、口を揃えて言います。

「フーゾクは疲れた。収入は下がっても、キャバの方が働いていて楽しい」

「フーは稼げるけど、すぐカラダや心を壊してしまう。だからキャバで細く長く、腰を落ちつけて働く方がいい」

そう言ってくれるのは、悪い気はしませんね。……まあ、店としましては、ピチピチした子ほどお客様を呼べますから、あんまり長く働かれても困るのですけれどね。

【第2章】カネにまつわる打ち明け話

ボトルの中身は大五郎――キャバクラの食品偽装の実態は？

昨今、食品の産地や賞味期限の偽装問題が、世間をたびたびにぎわせています。高級ホテルのレストランがやっていたくらいですから、「キャバみたいなところこそ絶対にやってるだろ」とご心配の方も少なくないでしょう。

いいえ、やっていませんよ。そんなことをする必要はないのです。

例えば、ハナマサのようなスーパーで、業務用の冷凍ポテトを買えば、1kg入りの大袋が300円です。それをざっとひとつかみボーイが油で揚げるだけで、1皿1000円ナリに化けるわけですから。

唐揚げだってそうです。30数個入った業務用の大袋なら1袋700～800円なのですが、これも5～6個油で揚げて皿に盛るだけで、1500円に化けてくれます。

お客様だって、別にポテトや唐揚げを味わいたくてキャバクラへ来るわけではありません。

お目当ては女の子。フードなど二の次、三の次。ですから、わざわざ食品偽装をするまでもなく、売り上げ的にはオイシイ思いができるのです。はい。

じゃあ偽装は一切しないのかって？

……申し訳ありません、やっています。ドリンクの方です。

アルコール類は、酒税法のからみもあって、安売り店でも値引き幅はある程度決まっています。ですから細工をするなら、根底からゴソッとやらなければ意味がありません。

例えば、ビール。薄々感づいている方も多いでしょうが、生をジョッキで出す場合、発泡酒にすり替えているケースがけっこうあります。

焼酎もそうです。例えば、鏡月やジンロ。あれだって安酒ですが、それでも店によっては大五郎のようなペットボトルで売っている激安焼酎に中身をすり替えていたりします。あくまでも私個人の感触ですが、キャバクラ界ではもはや常識の手法です。

こうした涙ぐましいコストカットもすべて、いい女の子を仕入れてお客様によりお楽しみいただくための努力……と言ったら言い訳に聞こえるでしょうか。

ドリンク類への小細工と言ったら、ほかにもキープボトルの〝水位変更〟という手法があります。

お客様の来店ペースや、お酒の進み具合を見ながら必要に応じて、こちらで中身を減らすのです。お客様が入店し、飲みはじめてすぐにボトルが空けば、「飲み足りないから新しいボトル入れて！」となりますから。

抜き取った中身は、飲み放題用のボトルへ移したり、単品オーダーのカクテルなどに流用したり、さらにはスタッフが美味しくいただいたりしています。

これもまた業界の常套手段のひとつです……が、しかしこの作戦、慎重にやらなければマズいことになります。かつて、こんなことがありました。

しばらくぶりにお見えになったお客様に、キープボトルをお出ししたところ、

「なあ、俺のボトル、中身が減ってるんだけど？　どういうことだ！」

そのお客様、ボトルのラベルに並んだ小さな文字を指差しながら、声を荒らげました。

「最後に飲んだときは、この『飲酒は20歳になってから』の『20』の下まで入ってたハズだぞ！今は『なってから』の『ら』までしか入ってないじゃんか⁉　おい！　どういうことだ‼」

いやいや、よく見ていらっしゃる。やりすぎには要注意ということですね。

●空きビン売ります。中身は店のお好みで

やりすぎと言えば、もっとひどい偽装もあるようです。

これは夜の街で小耳にはさんだ噂なのですが、ズバリ、高級酒の空きビンだけを売るブロー

カーがいるらしいのです。

ウィスキーにブランデー、ワイン、シャンパンなど、お高いお酒の空きビンだけを売っているそうです。

その空きビンに安酒を詰めて、高級酒と偽って出したなら……差額はガッポリ丸儲けです。

幸か不幸か、私どもの店には、まだその手の売り込みが来たことはありません。

もし来たら買うかって？

どうでしょう。私なら手出しはしないと思います。

そこまでの手間をかけて危ない橋を渡らなくとも、いいキャストを育てれば、天井知らずでいくらでもおカネは引っぱれますからね。

いずれにせよ、みなさまは、もし高級ボトルを入れたとしても、大して味もわからないなら、「いやあ〜、高い酒はやっぱり美味いなぁ〜」などとは言わない方がよろしいでしょう。

詰め替えられた安酒にツウを気取って舌鼓《したつづみ》では、バックヤードで笑い者になることは確実ですから。

なぜ高い？　フルーツ盛り合わせの謎

キャバクラでお高いメニューと言ったら、真っ先に思いつくのが「フルーツの盛り合わせ」でしょう。なぜ、あれほどまでに高いのか？　私も不思議でなりません。

一説には、「キャバレーという業態が流行《はや》りはじめた1970年代には、バナナやオレンジなど輸入物の果物はまだ希少価値が高く、当然お値段も高かったので、出されるフルーツ盛り合わせにもお高い値段が付けられた」とか。

もうひとつの理由としては、「果物は足が早いから」というのもあるでしょう。廃棄分のコストを乗せることを考えると、どうしても高くなるのは仕方がない、と。

……しかし、こうした理由はあくまで過去のもの、あるいは表向きのものでしかありません。

現在の、本当の理由は――ズバリ、業界内に「フルーツは高くしてもいい」という暗黙の了解があるからに過ぎません。

ウチの店でも1皿5000円でお出しししています。ブランド品種の果物などではありません。どこにでもある、ごく普通の果物です。

「足が早いからその分お高い」というのも関係ありません。

夜の歓楽街には、夜中でも開いている果物屋や八百屋というのがあります。酔客の手土産需要を狙った果物屋や、飲み屋の品切れ需要を見込んで開けている八百屋です。ウチの場合、フルーツのオーダーが入ったら、そうした店へボーイがダッシュで買いに行きます。つまり、フルーツ類は最初っから仕入れさえしていないのです。

お出しするのは正真正銘、入荷したての新鮮フルーツ。腐る寸前の見切り品なら、甘味もたっぷり、儲けもたっぷり……。

●果物の95％は水分です

いえ、店側がフルーツを重要視する裏には、もうひとつ大きな理由があります。お客様におカネを落としていただくためには、キャストの子たちがどんどん飲み食いをして、次の1杯や次の1皿をお客様に次々おねだりすることが大切となります。

しかし、若い女の子の胃袋では、揚げ物など何皿も食べられませんし、泥酔したら後の仕事に差し支えるので、ドリンクだって立て続けにはそう何杯も飲めません。

ここでフルーツの出番です。

フルーツなら口当たりが軽いので、キャストの子でもどんどんイケます。甘い物は別腹で、おなかが一杯でも意外に入ったりもするそうです。唐揚げやピザでは、こうはいきません。しかも、お代は唐揚げやピザよりも格段に高い。

――つまるところフルーツとは、〝お勘定を底上げするためのアイテム〟なのです。

「何だと⁉　客をバカにするな！」

お怒りの方もいらっしゃることでしょう。しかし、そういう方はフルーツに手出しをしてはいけません。このカラクリをわかったうえでも笑顔でいられる、遊び方を知っていて、かつ、フトコロに余裕のあるお客様だけに許されたメニューなのですから。

そうです。フルーツ盛り合わせとは、「リッチで遊び慣れたお客様」という目印なのです。

みなさんもフルーツの置いてあるテーブルには、「羽振りがいい連中」という目を向けますよね？　おかしな〝風習〟かも知れませんが、それがキャバクラという場所なのです。

いかがでしょうか？　裏を知ったうえで、あえてフルーツを注文してみては。仕組みを知った今となっては、その分ありがたみも増すのではないでしょうか。フルーツ盛りをオーダーすれば、キャストのアナタを見る目も変わること請け合いです。格が上がるか、カモとして見られるかは、お客様次第ですが……。

太客が一晩120万円のドンチャン騒ぎ

キャストの給料は、ウチの場合、時給制です。時給の額は、ポイントによって細かく規定されています。

例えば、本指名を取れたら1件につき5ポイント、場内指名なら3ポイント。延長が付いたら3ポイント、ドリンク1杯に対して1ポイント、高級なボトルが入ったら10ポイント+ボーナス……と、働きはダイレクトに数字に反映されます。

そうして付いたポイントは1週間ごとに集計して、合計100〜120ポイントなら時給はいくら、121〜140ポイントなら時給はいくら……と、ゲットしたポイントに従って時給が決まり、翌週の出勤時間数とかけることで、その月のギャラが算出されます。

前週の働き次第で数字は細かくアップダウンしますから、支払い額もかなり変動します。ある週に稼ぎまくっていた子が、翌週にはポイントを取れずにギャラをガクンと下げてしまうということも珍しくありません。この世界では実力がすべてなのです。

そうした中でも、コンスタントに売り上げを上げ続ける子もいます。ナンバー1、ナンバー2の座の常連選手です。そうした子は、横で見ていても、本当に忙しく動き回っています。

まず、独りで出勤してくることがありません。毎日、同伴出勤です。同伴でお連れしたお客様の相手をしている最中にも、次々と本指名のお客様が来店します。場内指名もかかりまくりです。テーブルに着いて乾杯をして、ごあいさつが終わるか終わらないかのうちに、別のテーブルからお声がかかって……ということの連続です。そうやって指名が被り続けるので、テーブルを中座してはフロアをグルグル回り続けるわけです。

このクラスの子となると、誕生日はものすごいことになります。年に1度のお祝いですから、どのテーブルも気張って、ご祝儀代わりのシャンパンを入れたりします。

ドンペリです。

ドンペリにはいくつかランクがあるのですが、一番安い白でもウチの店では4万円、ピンクで8万円、黒は30万円でお出しししています。これが売れっ子キャストのバースデーには、在庫切れになるほど出ます。

値の張るお品ですから、入れてもらったキャストとなると、飲む振りでは済まされません。最低でも1杯は飲み干してから席を立ちます。がんばる子なら、おかわりを求めます。そうすればボトルがすぐ空《から》になり、さらに1本入れてもらえるかも知れませんから。売れっ子キャストは、こうしたところが違います。

そんな感じでがんばって、たびたびナンバー1になっていた子が本気でラッシュをかければ、遊び慣れたお客様でも、ついハメを外して大金をバラ撒いてしまうものです——。

●1本20万のワインでイッキ飲み！

その夜は、その子の太客がゴルフコンペでホールインワンを出したとかで、ご来店の時点ですでにかなり盛り上がっていらっしゃいました。お仲間と4人連れでの来店でした。

一番のお目当ては、当店のトップガンメンバーでもある沙也加《さやか》。ナンバー1の座の常連キャストです。沙也加のほかにヘルプが3名。

彼女たちがグラスのお酒を景気よく飲み干すたびに、「ごほうび」として福沢諭吉が1枚、スリップドレスの大きく開いた胸元へ差し込まれました。女の子たちは大よろこびです。ドリンクを追加すればポイントを稼げるうえ、大枚のおこづかいまでもらえるのですから。

——しかし、やはりナンバー1は違います。沙也加は数枚の万札程度で満足するようなタマではありません。

気付くと、そのテーブルではゴルフ仲間のオジサン同士の、イッキ飲みで盛り上がっていました。焚《た》き付けたのは沙也加でした。

お客様たちは日頃からゴルフで身体を動かしているからでしょうか、4人が4人カパカパとハイペースでグラスを空にしてゆきました。しかも、ホールインワンの祝いの席です、お酒もドンペリや1ボトル10万、20万のワインばかりです。空いたグラスには椀子《わんこ》そばよろしく、間髪入れずに沙也加がお酌をして回ります。

高級ボトルが次々と空になりました。さすがにオジサンたちも酔っぱらいます。そうなると、腰を上げて店を変えるのがおっくうになる。必然的に延長となります。

これはよくご存知でない方もいらっしゃいますが、本指名でも場内指名でも、指名をしたキャストと延長後も引き続き一緒に飲み続けたい場合、指名にも延長料金が発生します。長くお楽しみいただくには、それ相応のおカネがかかるわけです。

さて、沙也加を筆頭にキャストたちも、がんばってグラスを干します。女の子たちの酔い覚ましには、それこそフルーツもぴったりです。そうして気付けば、オープンからラストまで、ホールインワンのお祝いは盛大にくり広げられました。

そして、お会計となりました。打ち出されたレシートは、なんと長さ2m30㎝！

その金額は――なんと120万円ナリ！

一般的にキャバクラは、いわゆるクラブよりもリーズナブルな値段設定となっています。例えば、指名なしのフリーでお越しいただいた場合、お客様2人で1時間なら、総額1万くらいで普通に飲み放題でお楽しみいただけるでしょう。ですから、1テーブルで10万円を超えたら、それだけで充分すごい金額です。それが、大台を超えて120万円です。

いいえ、ご心配には及びません。お客様にはプラチナ色のクレジットカードで、気持ちよくお支払いいただきました。「ホールインワンの記念品を各方面へ贈る方がカネがかかるから、このくらいの額はどうってことない」とのことです。

さすがはナンバー1。沙也加はそこまで読み切ったうえで、高級ボトルを次々と入れさせたのです。そんな彼女のその月の給料は、税込みで130万円超となりました。

キャストにはワンルームのゴミ部屋に住む者が多いことは前にお話ししましたが、沙也加はもちろん違います。彼女の住まいは、高級マンションの4LDK。その広いマンションで、田舎から呼んだ親を養っています。部屋へ上がったこともありますが、イタリア製の上品な家具で整えて、小ぎれいに暮らしていました。

どんなフィールドにも、できるヤツというのは存在します。そういうのに限って、何をやらせてもそつなくて上手い。こうした有能な人材が流出しないよう、私も気を引き締めて経営に当たりたいと思っています。

前借り詐欺、人件費ちょろまかし……従業員もダメ男だらけ

デキる人材がいれば、そうでないのも、もちろんいます。

そういう連中を管理するには、どうしたらいいか？　罰金を科すのが一番効きます。

例えば遅刻。ウチの店では、給料は30分刻みで時給計算しているのですが、1分でも遅刻したら、給料が発生するのは次の30分からとしています。

無断欠勤は1回3万円のペナルティです。指名を取れないキャストなら3日はタダ働きになりますし、下っ端のボーイなら4日のタダ働きに相当します。

厳しく設定しなければダメです。ダメなキャストやボーイには、時間を守るという概念が基本的にありませんから。わかりやすくおカネで縛るしかないのです。

しかし、中には、罰金など屁のカッパという輩《やから》もいます。罰金は月給から天引きという形を取っていますから、引かれている実感がないのでしょう。また、そうした連中は時間の観念も

ありませんから、おカネをやりくりして次の給料日までどうにかするという観念もありません。手元にあればあるだけ使ってしまうし、なくなればなくなったで安易に「貸してください」となる。

――はい、日払いや前借りです。本当におカネにルーズなキャストとなると毎日、勤務終了と同時に「今日の分ください」と、その日の分を日払いで求めてきたり、それどころか「明日の分も」と前借りまで要求してきたりもします。

そんなことを続ければ、月給日には1万円か2万円しか手にできません。当然、翌日からまた前借りの日々です。そうなると、仕事を辞めたくなっても辞められません。そうやってダラダラと同じ店で一生働くことになります。奴隷状態です。

仕事のできる子にならなら、むしろ店につなぎ止めておく手段になるので大歓迎ですが、しかし、残念ながら日払いや前借りを求めてくるのはダメな子ばかりです。

当然でしょう。仕事のデキる子は、計画性のある子ばかりです。私生活でも上手にやりくりしています。デキる子は、例えば「1000万円貯めたら辞めよう」など、しっかりとした目標も持っていますし、実際にそれをやり遂げるものです。

逆に、日払いや前借りの常習者は、やりくりもできなければ、売り上げもなかなか上げられません。そして、ムダに歳を重ねながら、いつまでもずるずるとキャバで働く。

「今おカネないけど、明日店に行けば1万入るから、それでいいや」

そんな感じなのでしょう。

……いえ、それでもキャストの子なら、まだましです。玉数が必要ですから、少なくとも居場所はあります。箸《はし》にも棒にもかからないのが、ダメ男のボーイです。

●チリも積もれば山となる

ウチの店では、ボーイへの日払いや前借りは、各店の店長が各自の責任と裁量でやっている場合もありますが、基本的には認めていません。トラブルが多いからです。

例えば、前借り詐欺です。

その手のことをするヤツは、最初のうちは一所懸命に働いて見せます。数週間から数カ月間、懸命に働いているフリをして、店長の信頼を獲得します。店長が信用しはじめたら、それを見計らって、日払いのお願いをしてきます。

日払いになってからまたしばらくは、それなりに真面目に働くフリをして見せます。そうやってまた数カ月して、店長が油断をした頃に、前借りを求めて来ます。そして、前借りの自転車操業状態に持ち込んだら、また数カ月かけて少しずつ、前借りの額を引き上げてゆきます。そうやって前借りの額が月給を上回ったところで——姿を消します。

例えば、月額がどう働いてもMAXで20万にしかならないヤツが、細かい前借りを積み重ねて、借金がトータルで25万になったところで飛んだりします。

この手の輩は定期的に現れます。各店の店長には、日頃から用心するように言っていますが、それでも定期的に引っかかる者が出てしまいます。

……が、そうした店長の中にも、ときどき問題児が現れます。

手口として多いのは、キャストの給料の水増し請求です。

お水は現金商売の世界ですから、私どもでは給料は全員分、現金で支給しています。各店の店長が、その月のキャストやボーイの月給額を各人の時給から算出し、その総額を私のいる本社事務所へ届け出ます。その額を給料日当日、本社の経理担当者が銀行から引き出し、封筒に小分けにして、各店の金庫に入れておきます。そうやって用意された現ナマ入りの封筒を、店長がキャストやボーイに手渡しすることで支給しているのですが……、この段取りの中で、ちょろまかしが発生します。

例えば、ある週にあるキャストが135ポイントを獲得したとします。その場合、社内規定でそのキャストの翌週の時給は2800円となります。しかし、セコい店長はポイントを改竄《かいざん》して、時給を3500円として本社に申請してくるのです。

そして……差額の700円分を自分のフトコロへ入れるのです。細かくてセコい話です。

店長クラスは正社員です。固定給にプラスして、売り上げの何%と決められたマージンも付けています。チマチマとセコいことをするよりも、ガツンと売り上げを上げた方が、実入りは確実にデカくなるはずなのですが……。

まあ、こういうのは内部監査で必ずバレます。

ちょろまかしがバレたら、有無を言わせず返済させます。ですから、会社としては損はしません。

返済させたうえで「半年間、減俸50％」などのペナルティも課します。損をしないどころか、しばらくは人件費の節減にもなります。結局、いつも最後には、私がいい目を見させてもらうことになります。セコいことをするヒマがあったら、こういう〝技〟を盗み取って、大きく成長してほしいものです。

芸能事務所、フーゾク、運転代行……お水も総合企業化時代

セコい手口で小銭をかすめる輩が絶えない反面、大きなビジネスでガッポリ稼いでやろうというダイナミックな者も確実にいます。

そんな彼らの間で今、流行しているのがキャバクラを総合企業化する手法です。

手はじめは、お水のお店のグループ化です。キャバで当たったら、2号店、3号店を出す。そのうえで、大箱を軸に、小箱やガールズバーを出したり、高級クラブやスナック、熟女パブと、微妙に異なる業態の店を並行して出したりするのです。

そうすると、手持ちのホステスたちのキャラクターを活かし切ることができるのです。

例えば、ちょっと地味目でキャピキャピとしたノリがなく、キャバクラでは売り上げが今イチ上がらない子も、高級クラブに移籍させると、落ちついた雰囲気がオジサマたちに大人気となったりするものです。30歳を過ぎるとキャバではキツくなりますが、そんな子でもスナック

や熟女パブへ移籍させると、またイキイキと活躍しはじめたりもするものです。

人材のリサイクルです。手駒をそれぞれの個性に合わせて、無駄なく活用できるわけです。

さらにガッツのある経営者の場合、水商売の枠を越えて会社を総合企業化してゆきます。

具体的には、お水の店のグループの上に、芸能事務所やモデル事務所を持ったりするのです。

そうすると……例えば、ある女の子をグラビアタレントとして採用したとします。いきなり大口の仕事を取ってくるのは難しいので、まずキャンギャルやレースクイーンとして地道に活動させます。そうやって場慣れさせながら、徐々に人気が出てきたら、上のクラスの芸能事務所へ移籍させ、タレントとして本格デビューさせるのです。

タレントを1人育てるのには、レッスン料や生活費の面倒など、おカネがけっこうかかります。しかし、投資をしたからといって、おいそれとスケジュールが埋まるものではありません。

その場合、系列にキャバクラがあれば、そこで働かせることができます。女の子は生活費を稼ぎながら、人あしらいやトーク術を学べるので一石二鳥です。

知り合いの店で働いていたキャストの子が、「そう言えばここしばらく見かけないな」と思っていると、テレビで活躍しはじめる——そんなことも1度や2度ではありません。

●女は絞《しぼ》れば絞るだけカネになる

上だけではありません。下にもビジネスチャンスは広がっています。お水の上に芸能事務所を経営したうえで、お水の下にファッションヘルス、デリヘル、ピンサロ、ソープランド……と、性風俗店を経営するのです。

芸能事務所を頂点に、イベントコンパニオンなどを擁するB級モデル事務所、そして高級クラブ、キャバクラ、スナックといったお水のお店、その下にはAV嬢やヌードモデルを抱えるC級モデル事務所、果てはフーゾク店と、女性を商品とする一大ピラミッドを築くのです。

芸能界は生き馬の目を抜く厳しい世界。がんばれば必ず売れるとは限りません。むしろ9割9分が日の目を見ずに消えてゆく世界です。

兵《つわもの》どもが夢の後、売り出しに失敗すれば、後には借金が残ります。しかし、AV事務所やフーゾクを自前で持っていれば、その借金を無駄なく、女の子自身に身体で埋め合わせさせることが可能です。タレントの卵時代にかかった宣伝費や接待費、レッスンや生活にかかったコストなど、投資した分を回収できるわけです。

AV堕ちや、風俗堕ちが待っているわけです。まあ、夢を見させてもらった分だけ、女の子にはきっちり働くことが求められるのも仕方のないことかも知れません。

女の子を軸にするのではなく、おカネを軸に総合企業化を進めるやり方もあります。

この場合、キャバクラなどの箱経営を軸に、建築業や内装業を経営するケースがよくあります。自分の店のリフォームを、自分の会社でやるのです。店のリフォームやリニューアルというのは定期的に必要となるものですが、自分のところでやればその代金をみすみす外へ流出させずに済むわけです。

運転代行業を経営したりもします。クルマでご来店のお客様がお酒を飲めば、当然、運転代行が必要となります。自分たちのグループで代行業も経営していれば、お客様のお財布から飛び立つおカネを、取りこぼしなく回収できるというわけです。

さらには、寿司屋などを経営するケースもあります。アフターでキャストがお客様に夜食をごちそうになる場合、グループ内で経営する店へ行けば、ここでも取りこぼしがなくなります。

ほかにも、キャストにはシングルマザーが多いので、深夜までやっている託児所を経営したり、ペット持ちが多いのでペットホテルに出資したりという例も耳にします。需要あるところに商売あり、です。

夜の街は、目端《めはし》の利くアイディアマンであふれています。みなさんも歓楽街へ繰り出した際には、きらめくネオンの数々を、改めてじっくり観察してみてはいかがでしょう。面白い発見が、きっとあるでしょう。

タレントのパトロンになるのが成功《サクセス》の証《あかし》!?

夜の店の経営者というと、脱税しまくっているイメージをお持ちかも知れませんが、現実はその逆です。

お水の世界の成功者には、派手好きな者が実に多い。自己顕示欲が旺盛で、稼いでいることをアピールしたがる者が多いのです。ですからむしろ夜の街の成り上がり者は、税金もキッチリとやりたがります。会社を法人化して、税理士を雇って、税金はしっかり納める。「それこそが成功の証」と考える者が多いのです。

夜の街でのし上がってきた者は――私も人のことをとやかく言えないのですが――それまでウサン臭い道筋を辿ってきた者ばかりです。それだけに「会社経営という表の舞台に立ったなら、ちゃんとやりたい」という気持ちになるのかも知れません。

いや、実際は単なる派手好きですから、見せびらかすように札ビラを切って無駄づかいをしたいだけなのかも知れませんが……。

水商売経営者の無駄づかいというと、「著名人のパトロンになる」というのがあります。野球選手をはじめとするスポーツ選手や、アイドルや女優などのタレントのパトロンになるのです。テレビなどで活躍する全国的な有名人が「いつもありがとうございます」と自分に頭を下げる、そんな快感のために月々数十万から百数十万ものカネを出して、活動や生活を支えてあげるのです。

私の店のあるこの街でも、こんなことがありました。

●新しい〝収集品〟を見せびらかす

夜の街では私の先輩格に当たる――ここではT氏としておきましょう。そのT氏も屋台のラーメン屋からスタートして、今や数軒の大箱店を軸に手広く経営するほどにのし上がった、大キャバクラグループの総帥です。お水の成功者のご多分に漏れず派手好きで、イタリア車を中心に何台ものスーパーカーを乗り回しており、街ではちょっとした有名人でした。

そんなT氏が、ある夜、ウチの店へやって来ました。

先輩格に当たる人物ですから、「今から顔を出す」という電話を受けて、私も店前まで迎えに出ました。

しばらくすると、12気筒の爆音とともに黄色いランボルギーニがやってきました。運転するのは、もちろんT氏。

「ああ、新しく買ったコレクションを見せびらかしたかったのか」

そう思いましたが、違いました。

T氏は特殊な開き方をするドアを開け、ランボルギーニから降りると、助手席の方へ回って、そちらのドアも開けました。

助手席からも人が降りてきました。スリップドレスを着た若い女性でした。頭がちっちゃくて、スラリとしていて、完全な9頭身です。こぼれんばかりのバストは推定90、折れそうなほどにくびれきった腰は60、ぷるんと柔らかそうなお尻は85といったところでしょうか。黄金のプロポーションです。

顔を見てハッとしました。その女性、新人グラビアタレントのSでした。

「今月から、この子の面倒を見ることになったんだよ」

見せびらかしたかったのは、こちらの方でした。

開店直前の店内で、あれこれと聞かされました。要約すると、T氏の資金的バックアップで、S嬢はこれからグラビアだけでなく女優として、活動の幅を広げてゆくとのこと。

「よかったらウエスギ君も番組を観てやってくれよ」

そう話すT氏のうれしそうなこと。S嬢はその横で、微笑みと無表情の中間のような表情を崩すことなく、お行儀よく黙って座り続けていました。

ほどなくしてS嬢は大ブレイクしました。次々とドラマへの出演を果たし、テレビでは見かけない日はないほどの売れっ子女優となりました。T氏の注入した巨額の資金が、テレビ界に〝効いた〟というのが、もっぱらの噂です。

若手タレントの青田買いだけではありません。落ちぶれたかつての人気女優なども、お水の成功者の大好物です。

「あの人は今、どこで何をしてるんだ？」

そんな元有名女優がいますよね？　そういう方のパトロンになるのです。自分が若かりし頃、下っ端として苦労していたときに憧れていた存在を、成り上がった今、手元に置いて、飼う。

「俺がいなければ、こいつの生活は成り立たないんだ」

少々下品な気もしますが、まあ、手にしたおカネを出し惜しみせずに使うのは、悪いことではありません。それに、当人同士が納得しているのなら、私たち外野がとやかく言うことでもないでしょう。何ごとも、持ちつ持たれつの世の中ですから……。

みかじめ集金手口の巧妙化、その一方でチンケな押し売り

夜の街でおカネの話となると、付きまとうのがショバ代の問題です。みかじめ料というものを、ヤクザにしばしば要求されるわけです。

私どもの街の場合、大箱なら月に20～30万円というのが相場です。この額、以前はもっと高かったのですが、年々下がってきています。不景気なご時世に合わせてのことでしょう。ヤクザとしても、あまり欲ばって店がツブれてしまっては元も子もないので、致し方ないところでしょうか。

ショバ代は、決められた集金日に、組の下っ端が直接店へ取りに来ますので、現ナマを入れた封筒を手渡します。

これとは別に、さらに観葉植物のレンタルや、おしぼりやウーロン茶の納入という形で別途、カネを収めさせられるケースも少なくありません。

観葉植物など花屋で買えば1鉢1万から2万ですが、ヤクザからレンタルという形にさせられると、毎月5000円から1万円が永遠に出て行くこととなります。ウーロン茶などもディスカウントの酒屋で仕入れれば1ケース2000円弱ですが、ヤクザ経由で買わされると1ケース1万円、しかも毎月数ケースの購入を義務づけられたりもしてしまいます。

面倒な話です。そのくせ「ケツ持ち料」と言いながら、いざトラブルがあっても大したことはしてくれません。ヤクザが介入してくるのは、私どもが自力で対処できる程度のトラブルだけです。結局は、たかられているだけなのです。

ですから近年は、ショバ代を払わない店が急増しています。若い世代の経営者によるニューウェーブ系のお店では、払わない方が主流です。

私どもの店ですか？　もちろん払ってなどいません。ムダな経費は削減するのが基本です。

昨今は「警察の指導があるので」と断れば、意外とヤクザもおとなしく引き下がるものです。しかし、中には黙っちゃいないヤクザもいます。そういった組は、ショバ代の偽装徴収という手口を使います。

夜の歓楽街は、たいてい「ここからここまでは○○組の縄張りで、ここからここまでは○○組、残りは○○組のシマ」といったように、いくつかの組によって分割統治されているものです。そうした組の縄張りにあるお水系のテナントビルには、組と直結しているものがあります。

そんな物件へ入居すると、ショバ代を自動的に払わされていることがあったりします。

家賃や管理費にショバ代が上乗せされているのです。このやり方なら警察などの目を出し抜いて、みかじめ料を集められるわけです。こうした場合、ビルのオーナー会社が企業舎弟だったり、ビルのオーナー自体がグレーな人物だったりするので、逃れることはまずできません。

「毎月、ガラの悪いのが店に集金に来なくて済むから楽でいい」

徴収されている人は、そうやって自分を納得させているようですが、そうしたところへうっかり入居してしまうと、実際はそれだけでは済まされません。例えば「今月は水道の使用量が多かったから、水道代としてあと5万払え」などと、後から何だかんだとせびってきます。

一度でも関わり合いになったが最後、終わりなくしぼり取られてしまうわけです。

ヤクザのシノギも時代に合わせて、周到かつ狡猾なビジネスへと日々進化しているのです。

……とは言え、その一方でショボいシノギにも、いまだにときおり遭遇します。

●2Lペットボトル、コンビニ市販価格188円

ある日の夕方のことです。開店前の時間帯に、運営する店のひとつに顔を出していたところ、唐突に男が入店して来ました。

「すみません、まだ開店前でございます」

そんな店長の言葉も無視して、男はズカズカと私たちの前まで入って来ました。

男は漆黒のスーツに紫色のシャツ、首元と手首にはゴールドのゴツいチェーンがこれ見よがしに巻かれていました。見るからにチンピラです。

しかし、男はルックスとは不似合いなものを両手にぶら下げていました。2リットル入りの大きなペットボトルです。ボトルの中には透き通った茶色い液体、ラベルには「鉄観音入り・特選烏龍茶」の文字。それを両手に1本ずつの計2本。

「……？」

首をかしげる私たちに、チンピラが両手のペットボトルを差し出しながら言いました。

「1万でいいよ」

……はい？

「これ、1本5000円だから。だから両方合わせて1万でいいよ」

ますますわけがわかりません。店長と顔を見合わせていると、

「いいから早く買えよ！」

チンピラが声を荒らげました。

「あんた誰？」

静かに訊《き》いてやりますと、チンピラはアセった様子で言いました。

「うるせぇ！　誰だっていいだろ！　早く買え！　買わねぇとどうなっても知らねぇぞ‼」

男は名乗りませんでした。いや、名乗れないのです。暴力団対策法が施行されて以降、スジ者であることを名乗るだけで恐喝罪《きょうかつ》が成立するからです。

……ということは、上の者にでも命令されて、仕方なく押し売りに来たのでしょう。あるいは、何かやらかしてしまい、そのペナルティとしてやらされているのかも知れません。

この手のヤツには、こうするのが一番です。

「店を開ける時間だから、さっさと出てけ！」

強めに言うと、自分でも恥ずかしかったのでしょう、そそくさと店を出て行きました。

一見派手なヤクザの世界も、仕事のできない下っ端は厳しい毎日なのでしょう。暴対法でことごとくシノギを封じられ、小銭でもなりふりかまわずかき集めなければ、やっていけないのかも知れません。

それにしても大のヤクザが地道にペットボトルを売り歩くとは……。ウーロン茶を両手に下げたマヌケな姿に、憐れみすら感じてしまった一幕でした。

ドリームチーム結成作戦――売れっ子引き抜きの裏技

キャスト陣には新人が常に必要だということは、前にも話しましたが、しかし、いくら新人キャストが必要と言っても、ただ頭数を揃えるだけではダメです。

着実に売り上げを上げるには、やはり仕事のデキる子を集めなくてはいけません。

では、デキる子を集めるにはどうすればいいか？　手っ取り早いのは、引き抜きです。他店のナンバー1、ナンバー2を引き抜くのです。

ご存知の方も多いでしょうが、引き抜き行為は、夜の街ではご法度です。

キャストをスカウトする目的で他店を訪れて、それがバレると、バックヤードまで引きずって行かれてボコボコにされるのは、普通によくある話です。

私も引き抜きのために他店へ飲みに行くと、私に気付いた店長などに硬い表情で「〇〇町のお店のウエスギ社長ですよね？」などと声をかけられることが、ときどきあります。しかし、それでも私の場合、トラブルになったことなど一度もありません。

なぜかって？　この本の読者にだけ、特別に私のテクニックを公開しましょう。

私の場合、まず各店のトップ3にランクインしているキャストを洗い出します。これは簡単です。夜の街には、その手の噂が絶えず飛び交っていますから。

で、引き抜きのターゲットをしぼり込んだら、正面からその店へ行きます。セコい工作はしません。客として飲みに行くのです。

もちろん、普通に行けば揉め事になるか、よくて門前払いというところでしょう。そうならないために、夜の街でも羽振りのいいことで顔の知られたお客様と一緒に、その店へ行きます。夜の街で遊び慣れたお客様というのは、常に新規開拓の目を光らせています。そこで、夜の街の事情通としてカバン持ちをさせていただくわけです。店側もご一緒する方が大金を落とすことは知っているはずですし、上手くすれば太客となってくれることも期待できるわけですから、追い返したりはまずしません。

で、テーブルに着いたら、ターゲットであるナンバー1、ナンバー2のキャストを指名しつつ、ドンペリなどの高いボトルをテーブルに並べます。支払いはお連れした方がしますので心配はありません。

常連さんにとっても「あの店の社長におごってやった」と箔《はく》が付きますから、これは一種の顧客サービス。ウィンーウィンの関係なのです。

高級ボトルで座が盛り上がれば、ターゲットのキャストも大よろこびです。自然と連絡先の交換となるものです。ターゲットにとって私は大金を落とした〝お客様〟ですから、黙っていても向こうから電話やメールがひっきりなしに来ることになります。

ここまで来れば、あとは直球勝負です。ターゲットの稼ぎを聞き出したうえで、それを上回る金額を提示するだけ。これで確実に引き抜けます。

はい、結局はおカネです。殺伐とした話ですが、シンプルでわかりやすいとも言えるでしょう。こういうの、私は嫌いじゃありません。

●ミイラ取りがミイラに

他店の関係者でも、これに似た手でウチの店のキャストにちょっかいを出してくるのが、ときどきいます。

見つけたらボコボコにするのかって？　いえいえ、むしろウェルカムです。

なぜなら、まずひとつには、いいキャストほど引き抜かれない自信があるからです。

その根拠についてはおいおいお話しするとして……、もうひとつには、そうした輩がしばしば太客になってくれるからです。

スカウト目的で潜り込んでくる輩でも、色恋が入ってしまって、気付くと普通の客として店に入り浸りになるケースがままあるのです。スカウトが潜入してくるたびに、「ウチの店におカネを落としてくれて、ありがとう」と心の中で拝んでいますよ。

狙いを付けられたキャストには、「あいつ、どこそこの店長だから、しぼり取って破産させてやれ」と裏で言いつけます。「あいつならカネを持ってるだろうから、ポイントを上げるチャンスだぞ」と。

それもあってか、ナンバー1を引き抜くどころか、2日と空けずに通ってきてはナンバー1を指名するカモ客になった他店の店長さんもいらっしゃいます。

いえ、スカウトだけではありません。普通に他店へ遊びに行って、そこでキャバクラ遊びにハマってしまう関係者も少なくないのです。キャストの裏側を嫌というほど見ているはずなのですが……結局ただの男なんですね。自分たちも普段そうやってお客様である男たちをハメておカネを引っぱっているのに、自分が客の立場になるとコロッとやられてしまうわけです。

夜の街のビジネスは、食うか食われるかの世界です。勢いに乗って楽しみながらも、どこか醒めた目で物事を見ていられなければ、ウマくやっているつもりでも気付けば食われる方になっていた——そんな逆転現象がいくらでも起こりうる世界なのです。いやはや、キャバクラって本当に恐いですね……。

究極のキャスト操縦術――ハメ管理

とは言え、ゴッい売り上げを上げるためには、ただ売れっ子を引き抜くだけではダメです。キャストたちの日々の管理も重要です。

引き抜かれたキャストというのは、多かれ少なかれ図に乗っているものです。「あんたが頭を下げたから、移籍して来てやった」くらいの気でいます。これを放置すると、店全体の足並みが乱れてしまい、売り上げは確実に下がります。

そうならないためには、こちらの権力を要所要所で誇示することも大切です。

具体的にはどうするか?　一番効くのは、やはりカネです。

例えば、店長の言うことをよく聞く子には、その子がおカネに困っているときなどに「今回だけ特別だよ」と、ちょっとだけ時給を上げてあげるのです。

これはかなり効きます……が、コスト的な限界があるうえ、やりすぎるとキャストがさらに増長しかねない危険もあります。せっかくギャラを上げてやっても「それで当たり前」と取られて、かえって舐められるようになったりするのです。

そこで、こうならないための秘策があります。

――ハメ管理です。

キャストとヤッて、色恋で心を縛り、言うことを聞かせるのです。

キャストには愛情に飢えている子が少なくありません。そんなキャストの心のスキ間を、上手く突っついてやるのです。

そのためには、まずとにかく褒《ほ》めてやる。

抽象的な褒め言葉ではいけません。ただ「いいね」だけでは伝わりません。「今日の3番テーブルの接客、あのときの○○○がすごくよかったよ」などと、こと細かに褒めるのです。そうすることで、確実に「あたしのこと、ちゃんと見てくれてるんだ」と思わせられます。

そうしたフォローの積み重ねでキャストが心を開きはじめたら、その瞬間を見逃さず、ちょっとした昇給をしておカネを注入してやる……と、あっけないほど簡単に食えるものです。

そうやって一度ハメてしまえば、もうこちらのものです。

色恋気分でのぼせている子は、ギャラの不満でネジ込んできたりは絶対にしませんし、急な穴埋めのシフトインにも気持ちよく応じてくれます。もちろん、引き抜きに遭ってもスカウトなど相手にせず、それどころかスカウト行為があったことをわざわざ報告までしてくれます。そのうえでさらに、ほかのワガママなキャストをなだめてくれたり、スカウトの話を受けて移籍しようかと迷っている同僚キャストを「一緒にお店を盛り上げていこうよ！」などと引き止めてくれたり……と、それはもう便利に活躍してくれます。

しかも、これだけの効果にもかかわらず、ハメるだけなら基本タダ。いいことずくめです。

●ベッドの上でひと仕事、趣味と実益を兼ねまくり

ハメ管理を許されているのは、経営陣と店長クラスの人間だけです。

これは他店も同じでしょうが、基本的に従業員同士の恋愛は禁止です。建前上は、店の男性従業員は「キャストに手を着けてはダメ」となっています。

と言うのは、例えばアナタが「あの店のあの子、自分の店のボーイと付き合ってるんだってさ」などという噂を聞いたとしたら、そんな店に行きたいと思うでしょうか？　シラけるに決まっています。もうひとつには、従業員同士のカップルが別れると、その2人がギスギスして店全体の雰囲気が悪くなったり、どちらかが辞めてその分を補充しなければならなくなったりすることも少なくないからです。面倒なことが増えるからです。

ですから、店内恋愛がバレると減給になるのですが、この規則が逆に〝使える〟のです。

私どもの店では、店長1人につき1人か2人、多い場合は1人で5人のキャストをハメ管理しています。こうなると恐いのが、女の口の軽さです。「あたし今、店長と付き合ってるんだよ」などと同僚キャストに話されてしまうと、2股3股がバレて、管理体制は崩壊します。

しかし、「店内恋愛が禁止なのに、店長の（あるいは役員の）俺がやってるのがバレたら、確実に俺はクビになる。だから絶対に黙っていてくれ」と言い含めれば、さすがのキャストも口にはしません。つまり〝恋愛禁止〟が、口止めの絶好の口実になるのです。そのうえ中には、〝秘められた恋〟のニュアンスに、より熱くなる子もいますから、まさにいいことずくめです。

「大金を注ぎ込んでいる客を差し置いて、従業員が何たることだ！」と、お怒りの方も多いでしょう。ごもっともです、はい。しかし、ハメている側の店長や役員も、好きでやっているとは限りません。なにせ女の子たちの裏の裏まで知り尽くしているわけですから……。

ハメ管理は、あくまでも業務なのです。キャストたちが、好きでもない太客と、仕事と割り切って枕をするのと同じです。好きでもない女と寝る――おっ勃《た》てるものをきっちり勃てて、キャストの心も体もメロメロにさせる。これはこれで、かなり辛いものもあります。

「だったら、なにもそこまで無理しなくても……」

そう思う方もいるでしょう。しかし何度でも言いますが、キャバクラで一番の売り物はキャストです。売り上げを上げるには、いい女の子を取り揃え、上手く働かせることが重要です。

ここでさらっと公開しますと、私どもの街で言えば、上手く店を回せていれば、大箱1店につき1カ月の売り上げは——ズバリ、3000万円は堅いです。

この中で、純利益として手元に残るのは、ズバリ1000万強。粗利3割強といった線です。意外に感じるかも知れませんが、水商売もほかの多くの業種と変わりないのです。

では、経費の内訳は？　箱の家賃や飲食物の仕入れ代などは知れたものです。

大半は人件費です。月商3000万なら、その約6割、およそ1800万にものぼります。

つまり、純利をいかに確保するかは、いいキャストをいくらでつなぎ止められるかにかかっているわけです。

キャストにギャラを払いすぎれば会社の取り分は目減りし、かといってケチりすぎればデキる子に他店へ逃げられてしまいます。このデリケートな問題が、ハメ管理をしていれば、たまにベッドでヤルだけで、あっさり解決するのです。

つまり、トップランカーのキャストと寝ることには、3000万の価値があるのです。

いかがでしょう？　この話を聞いて、キャストの枕に、ありがたみが増したのではないでしょうか？　もし、そのチャンスが到来したなら、私は目をつぶりますので、悔いのないよう存分にお楽しみくださいませ。

【第3章】客《オトコ》にまつわる打ち明け話

客のプレゼントは転売が基本――そのハイテク錬金術

「何を買ってやると、キャストの子によろこばれる？」

「アフターや店外デートでは、どこへ連れて行くとよろこばれる？」

この仕事をしておりますと、こうした質問をされることが非常に多いのですが、改めてズバリと言っておきましょう。

どんなところへ連れて行っても、あなたと一緒に行く限り、キャストが心からよろこぶことはないでしょう。申し訳ありません。でも、これが真実です。

例えば、アフターではキャストを寿司屋へ連れて行くお客様が多いです。お客様としては、「どうだ！　おまえみたいな小娘にはおいそれと入れない店だぞ！」などとお思いかも知れません。実際、座っただけで1人2万という高級店へ連れて行かれたキャストもいました。

しかし、そんなことをしても、キャストの子たちに感謝の気持ちなど一切ありません。お客様の自己満足でしかないのです。むしろ「仕事終わりでダルいのに、あっちこっち連れ回されてかったるい」くらいのことを思っています。

そうです、彼女たちは「仕事だから仕方なく付き合ってやっている」だけなのです。

想像してみてください。あなたが会社の上司と2人っきりで高級寿司屋にでもショッピングにでも行ったとしましょう。果たしてそれを楽しいと思えるでしょうか？　……つまりはそういうことです。

「この店、1人最低2万円なんだぞ」

そんなことを恩着せがましく言おうものなら、心の中で「だったらその2万を現ナマでちょうだいよ！」と思われるのがオチです。

そんなキャストたちのことですから、プレゼントに関しても、何をあげても心からよろこばせることは難しいでしょう。もし確実に心からよろこばせられるものがあるとしたら、それは唯一、現ナマ以外にありません。

「でも、ブランド品を買ってやったら、よろこんでいたぞ？」

いえいえ、それはブランド品が換金しやすいからにほかなりません。

キャストの大半は、お客様からのプレゼントも現金化してからフトコロへ収めています。最近では大黒屋のような買い取り店でもネットオークションでも、換金しやすい環境が整っています。

「だったら女の子に何が欲しいかを訊いたうえでプレゼントすればいいんじゃないか？」

甘いです。例えば、こんなことが日常茶飯事です――。

●ペアチケットの罠《わな》

あるキャストが、常連さんに「何でも欲しい物をプレゼントしてやるよ」と言われて、某アイドルグループのコンサートチケットをリクエストしました。

グループは大人気で、チケットは売り出されると瞬殺でソールドアウトだったそうです。ネットオークションにも売りに出ているそうですが、高値の付いたプレミアチケットになっているとのこと。

「でも、どうしても行きたいんですぅー」

そう言ってオキニのキャストにおねだりされたら、男としては引けないのでしょう。数日後、その常連さんは入手困難なチケットを手に来店しました。

「ほら、これが欲しかったんだろ？」

差し出されたのは、2枚のチケット。ペアと言うことは、つまり、お客様としては「俺と一緒に観に行こうぜ」という意味合いが多分に含まれていることは間違いありません。

しかし、そのキャスト、

「うわぁー！　すごぉーい！　取れたんだぁー！　ありがとー‼」

大げさによろこんでみせつつも、差し出されたチケットを２枚ともひったくるように手にすると、ササッと小脇に置いたポーチの中へ素早く収めてしまいました。

このチケットがどうなったか、おわかりになりますか？

帰宅してすぐ、ネットオークションに出品したそうです。「１枚４万で落札されて超ラッキー！」とのことです。２枚で計８万円の臨時収入ですから、よろこんで当然です。懸命にチケットを取ってきたお客様はいい面《つら》の皮です。

いえ、この子だけではありません。実はこれ、今ウチの店で流行っている〝手口〟なのです。お客様にディズニーランドのペアチケットをおねだりして、ゲットしたら同棲している彼氏と行ったりと、裏を知ったらそれはもうひどいものです。

会社を経営する太いお客様が、「最近、ウチの娘がアイドルの誰それに夢中でね」という会話を覚えていて、そのアイドルのチケットを別のお客様に取らせた挙げ句、「これ、お嬢様にどうぞ」といい顔をしてプレゼントしたキャストもいました。

よろこんだ太客はそのキャストにお返しとしてブランド品をプレゼントするわ、高級ボトルを入れるわで、キャストも元はしっかりと取ったようです。いえ、キャスト自身は一切、労力も金銭も使ってはいないのですが。

チケットを買い与えた方のお客様も、「チケットあげればキャストの気持ちをゲットできるだろう」という期待感や、がんばって取ってあげている自分の姿に酔えたでしょうから、まんざらただのムダ働きでもないのでしょうが……、お客様が不憫でなりません。

●「プレゼント気に入ったから、いつも使ってるよ」

ブランド品と言ったら、さらにえげつない手法もあります。

ブランド品に関しても、キャストの欲しい物を確認してからプレゼントを買いに走るお客様が多いのですが、このとき複数のお客様に同じ商品をリクエストするキャストがいます。

しかも、例えば指輪をおねだりするなら「カルティエの3連リングで、クラシカルモデルっていう品名のやつ」とか、腕時計なら「ブルガリのビーゼロワンシリーズで、蝶々のモチーフが付いた白い文字盤のやつ」とかと、詳細にモノを指定します。当然、その子の手元には、3つも4つも同じカルティエのリングや、同じブルガリの時計が集まることになります。

それをどうするか？　——手元に1つだけ残して、ほかはすべて売り払います。

残った1つは、身に着けて店へ出ます。そして、プレゼントを下さったお客様には、身に着けたその品を見せながら「すごく気に入ったから、いつも使ってるよ。ありがとう」などと言うわけです。

男というのは単純ですから、疑いもせず真に受けます。「こいつは脈がある」と思い込み、期待感を燃え上がらせて、より頻繁に店へお越しいただくこととなります。

お客様は夢を見られる。キャストは大金を手にできる。両方が得をする上手いやり口です。

この手口、あまりに簡単にお客様が引っかかるので、中には感覚が麻痺しているキャストもいます。誕生日月にはあまりにも多くの同じ高級プレゼントが手元に集まるものですから、ブランドショップに売りに行くどころか、「社長、これいる？　あげよっか？」などと雑に扱う子まで出る始末です。本当に、お客様が不憫でなりません。

……おや、よく気付きましたね？　ええ、今私がしている腕時計もカルティエのものです。レディースサイズですから小さめですけど、まあこれも上品で悪くないでしょ？

このカルティエ、キャストの子からのプレゼントです。「社長、いつもお世話になってます」だなんて殊勝なことを言ってましたよ。

これの出所はどこかって？　無粋《ぶすい》な詮索《せんさく》はなさらない方がよろしいかと思います……。

出入り禁止にされる客・バックヤードでボコられる客

「どうしたらキャストに好かれるか」という以前に、「どうしたらキャストに嫌われないか」を考えるべきお客様というのも、いらっしゃいます。

まず、地味に嫌われるのが、自慢話ばかりをする人ですね。

自分がいかに高い地位にいるか、どれほど高い収入を手にしているか、そして、いかにしてそれほどの地位にのし上がったのか……。ドラマティックな自分語りは、まるで『一人プロジェクトX』、あるいは『セルフ情熱大陸』といった勢いです。この手のお話、する方はさぞ気持ちのいいことでしょう。が、聞かされる方はたまりません。

「あのオッサン、また吹いてたよー」

「カネ持ってるなら、飲み放題のジンロじゃなくていいボトル入れろよって話だよね」

キャストたちは、完全に嘲笑モードです。

自慢話に次いで嫌われるのが、セクハラ行為です。

しかし、お酒の入る席のこと、厳しいことを言っていたらキリがありません。さり気なくキャストの手を握ったり、太ももに手を置いたり、さらには腰に手を回したり、お尻を触ったり……このくらいのことはキャストが助けを求めてこない限り、店としては見て見ぬふりをしています。いちいち注意していたら、仕事が回りませんから。

見過ごすことのできないのは、ストーキングです。

オキニのキャストができて店へ通っていただくのはありがたいことですが、そうした中には、熱を上げすぎてストーカー化する者が定期的に出現します。

最初の兆候は、出待ちです。オキニの子が店を上がるのを、従業員出入り口の前で待ち伏せするのです。これは実に多いです。

こうした場合、お客様は偶然を装うわけですが、キャストたちにはバレバレです。

当然、間違いなく気持ち悪がられます。「オキニといつかは一発ヤリたい」と思っているなら、むしろ絶対にやってはいけない行為です。

送迎車については前にお話ししましたが、キャストの中にはこの送迎車を使いたがらない子もいます。送迎車は帰宅する子の人数が揃わないとすぐには出発しないので、その待ち時間を嫌うのです。「仕事が終わったらお店の人たちと顔を合わせるのもイヤ」、「仕事が終わったら、その瞬間に解放されたい」という子もいます。そうした子たちは、アルコールを口にしないことを前提に、自分のクルマで出勤してくるのですが、これがストーカーにとっては絶好のチャンスとなります。

例えば以前、こんなことがありました。

●忍び寄るストーカーの影

ある晩の、そろそろ午前の2時という時間のことです。私が取引先の方々と麻雀卓を囲んでいますと、携帯電話が鳴りました。萌菜《もえな》というキャストからでした。その夜は11時に仕事を上がって帰ったはずでした。

「どうした?」

電話に出ると、彼女はひどく怯《おび》えていました。

「社長、どうしよう……あたし、つけられてるっぽいんだけど……」

その日、萌菜は自家用車で出勤していました。店を上がってから友だちの家へ軽く行き、その後、コンビニに立ち寄ったところで、ずっと同じクルマに尾行されていることに気付いたそうです。もう3時間はつけられていることになります。

「ねえ、どうしたらいいの？」

昔の男や、ヤクザに拉致られて……という可能性もないではありません。

「おい、いいか萌菜、コンビニの店の中に入って待ってろ。入ったら、そこから絶対に出るなよ。すぐに行ってやるから」

雀卓を囲む方々には失礼をして、すぐ彼女の元へ駆けつけました。

コンビニの駐車場にクルマを入れると、隅の方に萌菜の言っていた白いミニバンが停まっていました。フロントガラスを萌菜のいる店内へ向けていました。

車内に人影がありました。意を決して近づくと、運転席には見覚えのある顔——萌菜の太客です。週に2～3度お見えになっては、必ず彼女を指名する男でした。萌菜への想いをこじらせて、ストーカーと化したのでしょう。「あのお客、ちょっと熱を上げすぎてるかな？」と思った矢先の出来事でした。

近づくと、私に気付いた男と目が合いました。すると、私が萌菜の店の者であるとわかったのでしょう。ミニバンは急発進して、駐車場を出て行きました。

その男の姿を見たのは、それが最後となりました。気まずいからでしょうか、男はパタリと店へ来なくなりました。

あのまま通い続けておカネを落としていれば、その見返りとして、いつか1度くらいはエッチをできたかも知れないというのに……。

●鉄拳制裁も辞さず！

粘着質なお客様より、一発ヤリたいだけのお客様の方が、店にとっては扱いやすくていいものです。

ヤリチンのお客様は、小細工などせず、真っ正面からキャストを誘います。で、誘ってダメならすぐ次へ行く。わかりやすくて、さっぱりしています。

粘着質のお客様というのは、とにかく女の子たちから嫌われます。

その最たるものが説教魔です。

その手の輩は、来店時にはおとなしくしています。むしろ、もの静かで弱々しい感じです。ところが、お酒が入ると豹変《ひょうへん》します。酔うと途端に横柄《おうへい》になるのです。

そして、説教タイムのスタートです。

「水商売とは何たるか」にはじまって、「おまえの接客ではダメだ」、「だからおまえは稼げないんだ」、「親の顔を見てみたい」など……。言いたい放題です。

エスカレートすると暴力的になる輩もいます。キャストの子の頭を「パシッ！」と叩いたりしながら説教をするのです。

キャストには気丈な子が多いのですが、それでも弱っているときにこれをされると、ボロボロと涙を流したりします。泣き腫らして、しばらくテーブルに着けなくなる子もいたりします。ひどいときには、テーブルでそのまま泣き崩れたり、バックヤードへ逃げ込んで「もうあの人のテーブルに着きたくない」とか、「もうお仕事辞めたい」とかとなったりもします。

キャバクラにとってキャストは大事な商品です。ここまでやられては、店長もボーイも黙っちゃいません。裏へ引っぱって行き、ボコボコにしたうえで、ポケットの名刺から勤務先に通報までして……と、女の子をツブしかけた代償として、それなりのことはさせていただくこととなります。

扱いにくいお客様を攻略し、上手くあしらって大金を落とさせる——これがこの商売の醍醐味でもあります。これを楽しめるようでなければ、水商売は勤まりません。

とは言え、何ごとも「過ぎたるは及ばざるがごとし」です。

みなさまも、お酒の席で羽目を外すのはよろしいのですが、どうぞ図に乗りすぎて一線だけは越えませんように。

幻の三角関係――オキニの取り合いで常連客が大乱闘！

キャバクラというと「3～4名のグループで行くもの」という印象をお持ちの方も多いようですが、売上伝票を整理すると意外にも、お一人でご来店のお客様が一番多かったりします。

人恋しさの埋め合わせでしょうか、普通のサラリーマンでもオキニができて通うとなると、少ない方でも週末をメインに週に1～2回、多い方なら週3～4回はご来店いただくようです。

そうした常連さんは、仕事を終えたらその足でキャバクラへ行くというのがルーティンになってるようで、月に10万円前後はキャバクラ代に使っているようです。

で、そうしたお客様のほとんどがお一人様なのです。手堅くて、ありがたいお客様です。

キャバクラは一般的に、グループで利用する方が、1名様分の料金はお安くなります。お一人様でのご利用は割高となるのです。お一人様でのご利用は、ある意味、効率の悪い遊び方と言えるでしょう。

それでもお一人様でいらっしゃる方は後を絶ちません。むしろ、オキニに夢中になっているほど、お一人でのご来店となりがちです。

なぜでしょう？　指名したオキニを独り占めできるからです。

もちろん独占と言っても、あくまでもその瞬間、そのテーブルでだけの話です。しかし、中には熱を上げすぎて、そのあたりがわからなくなってしまう方もいらっしゃるようで……。

キャバクラはお酒の入る席ですから、いざこざも絶えません。特に、若いお客様同士となると、ちょっとしたことですぐバイオレンスな事態になります。

「あっちのテーブルのヤツがこっちをジロジロ見やがった！」

「アイツと目が合った！」

そんなくだらないことで、ボーイにクレームが入ることもしばしばです。

そうした中に、「キャストに対する独占欲」のからんだトラブルがあったりします。

「俺の指名とアイツの指名が被った！」

「俺のオキニを、あの野郎が指名しやがった！」

「俺だけのあの子が、あっちの客と仲良くしててムカついた！」

ジェラシーで自分を見失った方が、ボーイにクレームをつけるのです。ボーイもたまったものではありません。

いいえ、ボーイにグチグチ言うだけなら、まだましです。ひどいのになると客同士で直接文句を言い合います。バトルの勃発です。

「オラ！　テメエ、表へ出ろ！」

「テメエ、俺の亜佐美ちゃんに、ちょっかい出してんじゃねーぞ！」

勘違いもはなはだしい啖呵《たんか》が飛び交います。キャストは誰の専属でもありません。

こうしたいざこざは、両者を引き離したうえで、先にちょっかいを出した方をバックヤードへ連れて行き、お静かにしていただけるよう店の者からちょっと強めに〝お願い〟をすると、まずたいていは収まるのですが、以前に一度、お客様同士の大バトルのせいで、そのまま臨時閉店となったこともありました。

●俺の女に手を出すな！

きっかけは、やはり「俺のオキニに馴れ馴れしくしやがって！」というものでした。

ののしり合いの後、ケンカを仕掛けた方の1人が、相手に向かってグラスを投げました。投げられたグラスは壁に当たって砕け散り、その破片がたまたま近くに座っていたキャストの顔に当たりました。キャストは、ほっぺたを切ってしまいました。

グラスを投げたグループ客は、すぐさまバックヤード行きです。

……いえ、ボコボコにはしませんでした。

冷静に話し合いをさせていただきました。

キャストの治療費、治療期間の休業補償、慰謝料、破損したグラス等の補充費、汚損した壁紙やソファなどの修繕費、居合わせたほかのお客様へのおわびにかかった費用、そして、臨時閉店となった分の補償金……。締めて約１００万円ナリ。

文字どおり商品に傷を付けたわけですから、この程度の額、夜の街では基本料金です。何よりグラスの破片が目にでも入っていたら、１００万どころでは済みません。大ごとにならなかったことを神様にでも感謝すべきでしょう。

まあ、最近のお客様はおとなしく遊んでいただける方がほとんどですから、こうしたいざこざに巻き込まれるなど、滅多にはありません。どうぞ安心して遊びにおいでください。

…………いや、むしろ逆にアナタが暴れる側にならないよう、どうぞお気をつけくださいませ。普段おとなしい方が暴れる姿は、それはもう見ていて痛々しいものがございますゆえ。お酒の飲み過ぎと調子の乗りすぎには、くれぐれもご注意を。

店外デート事件簿——着衣の素股で5秒で昇天

何かあれば夜の街では、すぐ噂のネタにされてしまう——それはお客様とて例外ではありません。

もっともネタになりやすいのが、キャストとお客様が2人きりで過ごした時間のこと。つまり、アフターや店外デートの出来事です。

エッチまでこぎ着けたら、なおのことです。

キャストとベッドを共にできたら、お客様としましてはひとつのゴールかも知れません。が、噂のネタとしましては、ここからがスタートです。

女性というのは、少しでも気に食わないところがあると、手のひら返しで〝口撃〟にかかるものです。

「ケチくさい安ホテルに連れ込まれた」

「早かった」

「小さくてガッカリした」

キャストの子たちは百戦錬磨、食えたとしてもそこで油断をしてはいけません。事後のフォローをしっかりすることも大切です。

面倒な話ですが、それでもベッドを目指してキャストを口説くお客様は、後を絶ちません。

そんな中にG様というお客様がいらっしゃいました。お歳は60を少し回ったくらいの、貿易会社を経営する社長さんです。

G様は2日と空けずに来店いただく常連さんで、しかもウチの店だけでなく、ひと晩に何軒もハシゴをする夜の街全体のお得意様でした。

このG様、ある評判で知られていました。狙ったホステスは必ず口説き落とすという噂です。羽振りがいいので、あながち嘘でもなさそうでした。

しかし、そんなG様のお誘いにうんと言わない女の子がいました。ウチの店の紗希《さき》というキャストです。

紗希にはその頃ラブラブな彼氏がいたので、彼氏に操《みさお》を立てていたのでしょう。枕はもちろん休日の店外デートすらOKせずに、G様の誘いを断り続けていました。

そんな膠着《こうちゃく》状態が1年ほども続きましたが、そのうちにさすがの紗希も折れたようです。G様はかなりの上客。紗希のご機嫌を取るために、高いボトルを入れてもくれます。「この太客を手放したくない」とでも思うようになったのでしょう。

ある夜、彼女はついにG様のデートの申し込みを受けました。

そして、店外デート当日。G様は待ち合わせ場所の駅前に、真っ白なベンツのSクラスで現れました。

「さあ、紗希ちゃん、乗って」

その言葉に彼女は一瞬迷ったそうです。当然です。クルマの中と言えば、ひとつの密室。相手によっては、それなりのリスクもあります。ドライブデートをしていたら、男がいきなりハンドルを切ってラブホの駐車場へクルマをすべり込ませた……などというのもよく聞く話です。下手をすれば、事件や犯罪にだって巻き込まれかねません。

しかし、紗希はクルマに乗りました。

これが間違いでした――。

●人影のない場所にクルマを停めて……

G様も、やはり一人の男。しかも、1年もの間おあずけを食らったうえでのデートです。はやる気持ちを抑えられなかったのでしょう。

紗希を乗せて走り出したベンツは、すぐに大通りを外れて、脇道に入ったそうです。さらにしばらく走ると唐突に、人影のない高速道路の橋脚の陰に停まったそうです。

ベンツを停めるやいなや、G様は無言のまま紗希をシートごと押し倒しました。

「あっっ！」

と声を上げる間もなく、次の瞬間G様は紗希の上へ覆い被さりました。

紗希を脱がすでもなく、自分が脱ぐでもなく、お互いに完全着衣のままで。それどころか、紗希に至ってはシートベルトもしたままです。

で、G様は紗希に覆い被さると……光速で腰を振りはじめたそうです。

あっけに取られた紗希の上で、G様はカクカクと動き続け……そして、30秒も経たないうちに、

「ビクッビクッ！」

G様は大きく痙攣《けいれん》すると、そのままぐったり動かなくなったそうです。同時に、車内にはイカのニオイにそっくりな、例の生臭さが充満したという……。

そうです。G様はイッてしまわれたのでした。

電光石火の出来事に、紗希はただただぼう然とするだけだったそうです。ヤリたい盛りの若

者ならともかく……、いやはや60代も侮れません。

G様はしばらくして意識を取り戻すと、紗希の上から離れ、ベンツを動かし、すぐ駅前まで戻ると、そこで紗希を降ろし、さっぱりとした顔で颯爽と去ったそうです。

これでは紗希が納得しません。この出来事は、すぐさま控え室でやり玉に挙がり、ほどなくして夜の街全体に知れ渡りました。

夜の街はしばらくの間、この話題で持ち切りでした。この噂、大ヒット&ロングランでしたから、ご本人の耳にも入ったでしょう。

……となると、その後G様はどうなったか？　恥ずかしくて、まともに表も歩けないだろうって？　いえいえ、表を歩けないどころか、G様はその後も夜の出勤を欠かしていません。次のターゲットも決まったようで、新しいオキニを懸命に口説いてらっしゃいます。

そうなのです。キャストだけではありません、お客様の方だって、このくらいのことでいちいち人目を気にするようでは、夜の街を満喫することなど到底できないのです。この強心臓、ぜひとも見習いたいものです。

進化する飲み逃げ――知能犯的その手口

飲食店経営といえば、付きものなのが「食い逃げ」です。

食い逃げというとレストランや居酒屋といったイメージかも知れませんが、キャバクラのようなホステスが横に付く店でも、ないわけではありません。まあ、この場合、正確には「飲み逃げ」ということになりますが。

飲み逃げは、暴力沙汰とは違って基本的にケガ人は出ませんから、トラブルとしては一見地味です。が、やられる方はたまりません。キャバクラの場合、ラーメン屋や定食屋などより被害額がデカくなります。ですから、キッチリ回収しなくてはなりません。

ある店で、こんなことがあったそうです――。

フリーの男が1人で来店したそうです。男はテーブルにズラリとフードを並べ、次々とドンペリやワインなどの高級な酒で胃に流し込みました。

期待できると思ったのでしょう、店長は控え室でヒマにしていたキャストたちを惜しみなくテーブルに着かせました。男はそうしたキャストにも、ドリンクでもフルーツでも、大盤振舞いでオーダーさせたそうです。

男は何度か延長をして、盛大に飲み食いをした後で、「友だちを呼ぶから、ちょっと電話をかけてくる」と席を立ちました。

そして、「携帯電話の電波が入りにくい」などと言いながら、エントランスのドアをくぐって、エレベーターホールまで出ていったそうです。

そして……、ボーイが目を離したすきに消えました。

「ヤラれた！」

すぐさま数人のボーイが店を飛び出し、探索に当たったそうです。

……意外にも、犯人はあっさり見つかりました。店の入っているビルの前で倒れていたそうです。まあ、バカ飲みをしてすぐダッシュなどすれば、当然でしょう。

ボーイたちは男を事務所へ引きずって行きました。

警察になど通報しません。男が刑務所へブチ込まれても、カネが戻って来るわけではありませんから。

こうした場合、〝手荒な方法〟を使っても、よく〝言い聞かせ〟て、きっちりと支払わせることが先決です。最終的には、飲み食いした分に〝手間賃〟を上乗せして、しっかり回収したそうです。

——と、これは古典的な手口ですが、もう少し手の込んだやり口というのもあります。次にお話しするのは、ウチの店であった事件です。

●水商売は現金払いが基本です

その男は1週間ほどぶっ続けで、毎晩飲みに来ていたそうです。この男もフリーの一人客として来店しました。

男は最初の晩から飛ばしていたそうです。高級なボトルを何本か入れ、フードをズラリとテーブルに並べ、キャストにはドリンクをおごり放題。ボーイたちにも愛想よく、楽しげに飲み食いをしていたそうです。そうやって大盤振る舞いをしながら何度か延長もして、お会計は11万円と少々。

……いいえ、ちゃんと現金で支払ったそうです。

「ここ、いい店だな。気に入ったから、明日も来るよ」

そう言って帰ったそうです。

言葉のとおり、男は翌日の晩も来店しました。前夜、初来店にもかかわらず大金を落としてくれた客ですから、店長以下、盛大に歓待したそうです。それもあってか、男は上機嫌で飲み食いをして、お会計は締めて10万円。これもキャッシュで払ったそうです。

翌日も男は来店しました。早くも常連、しかも上客です。店長以下ボーイたちもズラリと並んで、ほくほく顔で歓待したそうです。

男はこの晩から動き出しました。初日や2日目と同じく、高級ボトルを入れ、キャストたちにおごり酒を大盤振る舞いし、お会計は締めて11万円。

ここで男が一段高い声を上げました。

「あっ！　ヤべぇ！　財布を持ってくるの忘れちまった！」

しかし、男は焦る様子もなく、余裕でひと言。

「明日の分と合わせて払うから、今日の分はツケにしといてよ」

水商売は明日をも知れぬ世界、現金払いが基本です。そのうえ、上客とはいえ素性の知らないフリー客。店長は一瞬悩みましたが、男から受け取った名刺を見て、そこに刷り込まれている社名の一部と代表取締役として書かれた苗字が同じであることを見つけて、「この人の言葉に賭けてみよう」と決めたそうです。その場でざっと確認したところ、会社は実在のものでした。

結局、店長は自己判断でツケを認めました。「この上客に逃げられたくない」という思いがあったようです。

翌日。4日目の晩です。男が来店しました。そして、初日、2日目、3日目と同じようにたっぷり遊んで、お会計は締めて12万円。前日の分と合わせると23万円。

……いえ、ポンと現金で支払ったそうです。

額の大きさはもとより、「この人を信じてよかった」という思いで、店長は有頂天になったそうです。そこで完全に何かを見失いました。

●安易なツケは事故の元

5日目の夜、男は当たり前のような顔で来店しました。テーブルに着いてすぐ、「今日も財布を忘れちまったよ」と言ったそうです。しかし、悪びれもせず「今夜もツケで飲ませてくれ」と言ったそうです。

そのうえで、こう提案してきたそうです。

「これからはツケで飲ませてくれ。3～4日分たまったら、まとめてイッキに払うから」「いちいち財布を持ち歩くのが面倒だし、その方が楽でいいから」というのが男の言い分だったそうです。

店長は男をすっかり信じていたのでOKしました。「これから毎晩のように、これだけの額を落としてくれるのか」と、皮算用で弾き出した数字にウハウハ気分で、疑うどころではなかったそうです。

男はその晩、ドンペリを何本も空けながら計23万円もの飲み食いをして、上機嫌で帰って行ったそうです。

まだ話は続きます。男は翌日の晩も店に来ました。やはりドンペリを何本か空けながら盛大に遊んで、お会計は26万円。この夜も財布を持ってはいませんでしたが、堂々たる態度だったそうです。

まだまだ続きます。翌日の夜もやって来ました。テーブルに着くや、当然のようにドンペリをオーダー。最終的に、お会計は締めて29万円ナリ。

この夜も男は手ぶらでしたが、堂々たる態度で店長にツケの額を訊いたそうです。

「3日分で合計78万円です」

そう答えると、

「じゃあ、次はそろそろ払ってやらないとだなぁ」

ゆったりとした笑みを浮かべて、そう言ったそうです。

――しかし「次」はありませんでした。それっきり男は姿を消しました。

ここでようやく店長は目を醒ましたようです。慌てて男を捜しました……が、男の所在はつかめなかったそうです。名刺の会社ももぬけの殻となっていました。

この段になってようやく私のところへ報告が上がって来ました。私がいくつかのツテを頼って調べたところ、なんと男はそのときすでに、シャバにはいませんでした。とある罪状で実刑判決を食らい、刑務所に収監されていたのです。どうやら男は収監される日を知っていて、その日から逆算して作戦を立てて、シャバの最後の思い出づくりにキャバクラで豪遊したようです。

こうなってしまうと、取り立ても追い込みもできません。警察に訴えたり、弁護士を雇って民事訴訟で回収したりというのは、78万という額では手間と面倒を考えると割りに合いません。結局は泣き寝入りです。男はそれも読み切ったうえで、計算しながら飲み食いしたに違いありません。まんまとやられてしまったわけです。

最初は小さく借りて、きっちり返す。これを何度か繰り返して、信頼を得た後にガッポリと大きく借りて、飛ぶ。借金がらみの詐欺としては古典的な手口ですが、この手がまさか飲み逃げに使われるとは……。

飲み逃げされた分の代金は、店長のペナルティとして給与から天引きで払わせました。高い勉強代を払った分だけ、この店長が成長してくれることを願ってやみません。

特上客が連日のドンチャン騒ぎ！　果たしてその正体は？

こんなことを私の口から言うのもアレですが、キャバクラでひと晩数十万もの散財をするなど、まともなことではありません。しかもそれが連日となると、何か裏があると見るのが当然でしょう。

前にも話しました「一晩で120万もの大宴会」のようなことなど、滅多にあるものではございません。年に数回あるかないかというところです。

……が、しかし、あったのです。ちょくちょく来店しては、そのつど100万超えの大散財をしてくださるグループが——。

そのグループは、いつも4～5名様でいらっしゃいました。最初の頃は月に1～2度、ボス格の中年男性を筆頭に、若い男性が3～4人。ボス格以外は顔ぶれが入れ替わることもありましたが、従業員一同お顔はしっかり覚えていました。なにせ最初の夜からドンペリを10本も開けての大ドンチャン騒ぎでしたので。

要警戒事案です。フリーで来店して不自然な散財をする場合、飲み逃げなどの裏があることも少なくありませんから。

しかし、ご一行は100万と飛んで1万1800円の飲み代を、気持ちよくお支払いくださいました。しかも、全額をクレジットカードではなく現金で。

当店をお気に召したようで、しばらくすると月に1～2度のご来店が、週に1～2度になりました。それでも毎度100万超えの高額な会計には変わりありませんでした。

グループは、見るからにトッポいビジュアルで、ピンストライプのダークスーツに、派手な柄のシャツ。首や腕、指には金銀のゴツいアクセサリー。そして、薄く色の入ったメガネの下には鋭い目つき。タダ者ではないでしょう。しかし、ヤクザでもなさそうでした。

●謎の集団、TVニュースで正体が明らかに！

グループは少々騒がしい点を除けば、キャストやボーイに悪さをするでもなく、いつも楽しく遊んでいただき、お会計も全額キッチリ現金払い。上客の部類です。

彼らが来店すると、控え室でキャストたちはそわそわしはじめます。そのテーブルに着かせてもらえれば、その週の売り上げ目標のかなりの部分をクリアできるからです。

彼らのテーブルには、飲みはじめてしばらくすると、いつもドンペリの空きビンで林ができました。

いいえ、自分たちだけではありません。テーブルに着いたキャストには、気前よくドリンクをおごりまくり、それこそフルーツ盛り合わせも、テーブルに着いたキャストの人数分オーダーくださいました。

「はい、お通し来たよ～」

そう言いながらキャスト1人につき1皿ずつフルーツ盛りを食べさせるのが、ボス格の方の十八番のジョークでした。

本当にありがたいお客様でした。

——ええ、もちろん裏がありましたとも。

降って湧いたプチバブル状態に、しばらくの間、従業員一同ほくほくしておりましたが、最初のご来店から1年が経とうかという頃でした。ある日を境にグループは、パタリと来なくなりました。

ご来店が途絶えてから1カ月ほど経った頃、店長が事務所へ駆け込んできて言いました。

「社長！　お昼のニュース、見ましたか⁉」

昼どきに寝起きでテレビを点けると、ニュース番組がやっていて、なんとそこに、あの羽振りのいいグループが映っていたそうです。

「アイツら捕まってましたよ！」

お得意様に向かってアイツ呼ばわりもありませんが、この場合は仕方ないでしょう。

あのグループ、悪徳リフォーム詐欺集団だったそうです。

ニュースによると、お年寄りをターゲットに不用なリフォームを高額でやらせたり、それどころかリフォーム作業をしたと偽って工事費だけを払わせたりと、やりたい放題を働いて、わずか1年の間に十数億円を売り上げていたそうです。大した元手もかけずに十何億も手にすれば、確かにひと晩100万くらいは痛くも痒くもないでしょう。

……はい？　来店していたことを警察に知らせたかって？

いえいえ。余計なことはしないに限ります。それに、ウチが損したわけでもありませんから。カネは天下の回りもの。私もウマく出し抜かれないよう、これを教訓に気を引き締めたいと思います。

「誠意を見せろ」それがクレーマーの合い言葉

客がらみの事件簿と言えば、近年急増しているのが、クレーマーです。

もちろん、キャストやボーイが粗相をして、お客様を不快にさせてしまうこともあります。そんなときは当然、店長が平謝りです。

しかし、店の者が頭を下げてはいけないケースもあります。クレーマー側がわざと仕掛けてきている場合です。いわゆる「言いがかり」というやつです。

こんなことがありました——。

その人は、たびたび来店する客でした。アパレル関係だったか繊維関係だったかの会社を経営していて、成功を収めているとの話でした……が、ちょっとしたクセモノでした。

揉め事の原因は、その社長さんの要求内容です。

「領収書をくれ。金額と宛名は空欄のままでいい」

税務処理で利用するのでしょうが、こうしたリクエストにはすべてお断りしています。脱税に利用される可能性がありますから。ウチの領収書で悪さをされたら、私どももそのとばっちりを食らいかねません。

そうした要求をされるたび、店の者は丁寧にお断りしていたそうです。しかし、お酒が入ると忘れてしまうのか、それともわざと言っているのか、会計のたびにその社長さん、この手の要求をしてきたそうです。

そして、ある晩のこと。いつものひと悶着の後、社長さんがボーイに怒鳴ったそうです。

「名前がどうとかうるせーな！　だったら宛名は『あ』でいいよ！　宛名のところに『あ』って書いて領収書を持って来い！」

平仮名で一文字「あ」と書け、と。当てつけですね。こういうのも、ときどきある話です。仕方ありません。ボーイは素直にそうしました。

すると……、

「本当にそんなのでいいわけねーだろ！」

社長さんは激怒して、テーブルをひっくり返したそうです。

「おめぇーらはバカか！　社会人としてまともに考えろ！」

床に散らばったフライドポテトや唐揚げの残りを踏みつけたり、拾って壁へ投げつけたり、ボトルに残ったワインを店中に撒き散らしたり……、それはもう大暴れしたそうです。

知らせを受けて私が店へ行ったのは、店内が無残に荒らされた後でした。ひと暴れして気が済んだのか、それとも脱力したのか、社長さんは床に尻を着いて放心していました。

社長さんを立たせて、バックヤードへ連れて行きました。

ボコボコにするために？

いえいえ、そんなことをしても意味がありません。話し合いをするためです。

——賠償についての話し合いです。

食器類などの壊れた備品の弁償代、汚れたカーペットのクリーニング代、汚れた壁紙の張り替え代、さらにはキャストやボーイ、巻き添えを食らったほかのお客様の衣服のクリーニング代と慰謝料……などなど。

総額で120～130万にはなったかと思います。新品に交換できるものは、ここぞとばかりに入れ替えて、ガッツリ取ってやりました。

手間ではありましたが、ケガ人は出ませんでしたから、そういう意味では、こうした客がたまに出るのも悪くありません。リフォーム代やリニューアル代が浮きますからね、はい。

●このモスコミュールに異議アリ！

小心なお客様の酔いにまかせた武勇伝ではなく、はじめから〝ヤル気〟で挑んでくるケースもあります。職業クレーマーのような連中です。

例えば、こんなことがありました――。

キャバクラの多くでは、カクテルを多数取り揃えています。ウチの店でも1杯1000円から千数百円でお出ししています。

ドリンクバックのポイントを稼ぐために、キャストがお客様にごちそうになるのがもっぱらですが、もちろんお客様がご自身で召しあがることもあります。

このカクテルに難癖《なんくせ》を付けられました。

2人組みで来店した男たちの1人が、キャストにおごったモスコミュールを「味見をさせろ」とひと口飲んで、素《す》っ頓狂《とんきょう》な声を上げました。

「何だこりゃ⁉　こんなのモスコミュールじゃねーぞ！」

ほかのテーブルのお客様も振り向くような大声です。

「こんないい加減なもの出して詐欺じゃねえか！」

店長がすぐ出ていって頭を下げましたが、男は聞く耳を持ちません。

「楽しい気分が台なしだ！　こんな舐めたことする店にはカネなんて払わねえぞ‼」

そうやって、ひとしきり騒いで店長が困り切っているところに、決めゼリフが飛び出しました。

「誠意を見せろ」

クレーマーの常套句です。このフレーズが出て来たら、ゆすりたかりは確定です。つまり、はじめからタダ飲みをしたうえで小づかいをせしめるのが目的だったわけです。

「俺は裏社会に知り合いがいるんだ。○○組の親分さんと知り合いなんだぞ」

連中は、そんなことをチラつかせたり、あるいは携帯電話に電話がかかってきたフリをして、

「バカヤロウ！　そんなことで広島のオジキが納得するわけねーだろ！　きっちり落とし前を付けさせろ！」

つながっていないケータイを相手に、見え見えの大根演技をしたりしながら、延々4時間も居座りました。

クレーマーというものを知ったうえで聞いている分には笑える話なのですが、しかし、一般のお客様は違います。サラリーマンのお客様などは、「とばっちりを食わないうちに」とばかりに、次々と帰ってしまいます。

結局、店長から知らせが入って、私が出向くハメになりました。

「誠意」を見せたのかって？

逆ですよ。4時間分の飲み代を、きっちり払わせて帰らせました。

どうやって追い払ったか？

簡単な話です。こうした場合、ゆすられる側にも常套句というのがあります。

「じゃあ一緒に警察へ行こうか？」

これで一発です。夜の街というものは、一見ややこしいようですが、実は意外にシンプルなのです。

……それにしても連中、恐喝に失敗したばかりか、4時間分の支払いまでさせられて、大赤字となったことでしょう。働いた分だけきちんとおカネを手にできるよう、彼らにも真っ当な職に就くことを、強くオススメしたいものです。

悪徳刑事、たかりの構図

犯罪者のいるところ、当然いるのが警察です。

夜の世界というものは、何かと警察にご厄介になる業界です。

例えば、お店の許認可関連。キャバクラは風営法によって管理・規制される業種ですので、許認可などは警察の管轄となります。

その内容は、店内の照明ひとつを取っても、数や位置から明るさまで細かく指定されています。営業許可を受けるには、そうした基準をクリアする必要があるのですが、規制内容は多岐にわたっていて、真面目に守ろうとするだけでも面倒くさいのくさくないの。

……と、ここでお世話になるのが、店をひいきにしていただいている刑事さんです。

お名前を出すわけにもゆきませんので、ここでは仮にF刑事としておきましょう。

例えば、私どもの会社で、新規店舗を出店する場合。私が店内の図面を持ってファミレスなどへ行ったりしますと、〝偶然〟にもF刑事に出くわしたりします。

で、私がコーヒーでも飲みながら図面を見ていたりしますと、〝たまたま〟図面が目に入ったF刑事が、その図面を見て感じたことを〝独り言〟としてつぶやいたりします。

「手洗いの床面積が小さすぎる」とか、「カウンターにはこのあたりに開閉ドアを付けないとダメだ」とか。

そんな〝独り言〟を〝たまたま〟耳にした私が、そのとおりに店内設計を修正してから申請をしますと……あら不思議、本チャンの審査にはすんなり通るというわけです。

まあ要するに、事前に手ほどきを受けるわけです。つまりF刑事は、私どもの「専属アドバイザー」なのです……が、ここで問題が発生します。

こうした行為、法的には不正行為なのです。

F刑事も図面を見て、あれこれ言っている間、キョロキョロと視線を周囲に走らせて、あたりをうかがい続けているものです。人に見られたらマズいわけです。

では、裏アドバイザーへの報酬は？　ズバリ、タダ酒です。

ウチの店では、F刑事は何をどう飲み食いしても、オールフリーの完全無料。F刑事は財布すら持たずリアル手ぶらでご来店のこともしょっちゅうです。

いいえ、飲み食いだけではありません。お帰りの際に「お車代」の入った封筒を握らせることもあったりします。他店では、そうした「専属アドバイザー」に、キャストをひと晩〝貸し出す〟こともあるとかないとか……。

「けしからん！」とお怒りでしょうか？

しかし、この程度ならまだかわいいものです。

これはある店のお話です。金づかいは派手でいい常連さんなのですが、お酒を飲んだくせに自分でハンドルを握って帰る、困った方がいたそうです。

この噂を耳にした刑事がいました。

刑事はさり気なく困ったちゃんに近づいて、飲み友だちとなりました。

……いえ、やめるように言ったり、取り締まったりしたわけではありません。こともあろうか、飲酒運転を黙認しました。

しばらくして困ったちゃんは摘発されました。当然です。しかも、そんな運転を平気でする人物です。これまでにも違反があって、免許取り消しの危機となりました。

ここで、飲み友の刑事の出番です。

「300万で俺が揉み消してやるよ」

刑事の方から持ち掛けたというのが、もっぱらの噂です。

真相はわかりません。が、困ったちゃんは運転免許が失効することもなく、今もハンドルを握って夜の街へ繰り出してきます。飲み友の刑事の手首には、なぜかその直後から金無垢のロレックスが巻き付いています……。

●警察とパチンコ屋との甘い関係

さらに悪質な例もあります。

ある店を公私にわたって〝ひいき〟にしている警察関係者がいたそうです。所属は生活安全課だったそうです。仮にS氏としておきましょう。

S氏の通う店には、とあるパチンコ店チェーンの経営者も通っていたそうです。この経営者をK氏としておきましょう。

S氏はK氏がパチンコチェーンの経営者と知ると、その店の店長に次のふたつを命じました。

①K氏が来店したら、必ず自分の携帯電話に連絡を入れること。
②K氏の滞在中に自分が来店したら、K氏の隣のテーブルに案内すること。

S氏はその店の〝ひいき〟ですから、飲食代はタダです。ケータイにK氏来店の知らせが入るたび、小まめに足を運んだそうです。

そうして、同じ店を愛する常連同士、しかも〝なぜか偶然〟隣同士になることが続いて……、S氏とK氏が飲み友だちになるのは時間の問題でした。

いいえ、普通の飲み友だちなら問題はありません。しかし、この2人の関係には問題がありました。生活安全課というのはパチンコ店の出店や営業に関する許認可をつかさどる部署だからです。S氏とK氏の交友は、禁じられた癒着《ゆちゃく》関係なのでした。

案の定、2人の間で悪いやり取りがあったようです。

1年ほどして、S氏は逮捕されました。

ニュースによると、S氏はK氏の会社から1000万以上ものカネと、国産の高級セダンを与えられ、その見返りとして数々の便宜《べんぎ》を図っていたそうです。完全に汚職です。

キャバクラは出会いの場です。これは男と女に限った話ではありません。

出会いの数だけドラマが生まれる——それは素敵なことですが、キャバクラという場はときとして、このように黒い出会いまでもコーディネートしてしまうのです。

みなさまは、お酒で気持ちがほぐれているスキに、さり気なく近づいて来る影があっても、どうぞ不用意に心を許すことのなきように……。

客とキャストの結婚《ゴールイン》

「ぶっちゃけ、どうすればキャストとヤレますか？」

私がキャバクラ経営者と知ると、そんな質問をしてくる方が実に多いです。

この手の質問を受けた場合、私はこう答えます。

「だったらキャバクラで働きなさい」

世の中の男女の出会いと恋の成就は、職場恋愛が大半です。一般のサラリーマンから公務員、さらにはタレントさんまで、どんな業界でも基本はそれです。

キャバ業界も同じです。恋愛体質のダメっ子はもちろん、大金持ちのパパを虎視眈々《こしたんたん》と狙っているような抜け目ないキャストでも、ふと寂しくなったときにパッとヤッたり付き合ったりするのは結局、手近にいる男なのです。

お水の業界では、原則として従業員同士の恋愛は禁止ですが、しかし、これはあくまで原則論でしかありません。実態は、誰がいくら禁じようとも、くっつくところはいつの間にかくっついてしまうものです。

基本的にキャストの子たちはお客様のことを「福沢諭吉を運んでくる人」としか見ていません。「お客様」として女の子の前に登場することで、むしろ最初から恋愛対象から除外されてしまうものです。

ですから本気でキャストとヤリたいのなら、客として店に通うのではなく、バイトにでも来ればいいのです。がんばって仕事をして、いいところを見せていれば、ビックリするほどすぐに食えますから。

……いえ、しかし、お客様とキャストの間にはアバンチュールは絶対にないのかと言うと、決してそうでもありません。

それどころか、結婚にまで至るケースもあります。

ただし、オススメはできません。たいていは、すぐに離婚するからです。

●スピード離婚が当たり前。1年もったらオメデトウ

キャストとお客様が結婚した場合、95％がスピード離婚に終わります。3年ももてば立派な方でしょう。ほとんどは1年ももちません。2～3カ月で別居→離婚というのも珍しくありません。

なぜでしょう？

キャストもお客様も、双方が相手に過大な期待を抱いているからです。

まずは、キャスト側が夫となる男性に抱く幻想。

お客様というものは、キャバクラへ来る際は、多少なりとも見栄を張っているものです。オキニがいて、その子を落とすために通っているなら、なおさらです。

収入に見合わない高いスーツに身を包んだり、いい腕時計をはめてみたり。会話の内容も景気のいいものばかりです。当然、無精ヒゲなどキレイに剃って、髪もキレイに整えています。バッチリとキメてエエカッコをするわけですね。

しかし、結婚して一緒に暮らせば毎日顔を合わせるわけですから、すぐにメッキは剥がれます。店のフロアで聞いた収入の額も、水増しした数字だったと遅かれ早かれ知るでしょう。

つまり、現実を知って冷めてしまうわけです。

熱しやすく冷めやすいのがキャストですから、そうなるとガマンして夫婦生活を営むつもりなどなく、すぐさま別居→離婚となります。

夫となったお客様の方だってそうです。

店の中では、キャストはお姫様です。ドレスで着飾り、プロのヘアメイクを施されて、輝いています。お酒の力もあって、その輝きは2倍、3倍に映るでしょう。

そんな美麗な若い子が、グラスの中の飲み物が少なくなったら、さり気なく注ぎ足してくれたり、追加を聞いてきたり、また、タバコをくわえれば横からサッとライターの火を差し出してくれたりもします。

「キレイなだけじゃなくて、気の利くいい子じゃないか」

そう思ったら大きな間違いです。彼女たちは、仕事だからやっているに過ぎません。店長などに仕込まれたことを、機械的に繰り返しているだけなのです。

美しい皮を一枚剥いだらその下は……キャストの子たちの大半は、お話ししたとおり、私生活ではゴミ部屋に住み、虫歯も治療せず放置するほどのズボラでがさつな連中です。

結婚してひとつ屋根の下で一緒に暮らせば、途端に化けの皮が剥がれます。

「話が違うぞ！」と、当然なります。下手をすれば、スッピンを見ただけでこうなります。男性の側も現実を知って幻滅するわけですね。

——これに加えてもうひとつ、カネの問題も大きいでしょう。

●背伸びしたセレブ生活が首を絞《し》める

キャストとお客様が結婚する場合、たいていは超セレブ生活に突入します。

キャスト妻は夫がカネ持ちだと思ったからこそ結婚したわけですから、とりあえずすぐ高級マンションへ引っ越して、家電もクルマも高級品で固めます。キャストを嫁にするということは、つまり、維持費がかかるということなのです。

しかし、当のキャストは、夫と一緒に家計を支えるどころか、寿退社ですぐ店を辞め、悠々自適の専業主婦の座に収まります。必然的に夫が無理をすることになります。しかも、キャストを落とすために見栄を張っていた分だけ、負担が大きくのしかかるので、すぐパンク寸前にまで追い込まれます。

それもあって夫の方も、嫁の素行に「期待ハズレ」を感じてしまうと、早い段階での離婚を決断するのでしょう。

あれほど恋い焦がれたキャストを嫁にしておきながら、しかも、籍を入れてわずか数カ月にもかかわらず、キャスト妻が夫婦生活を放棄して家を出て行ったとしても、夫の方は「だらしないバカ女がいなくなってせいせいした」くらいの気持ちでいます。

しかもしかも、数カ月でのスピード離婚ですから、妊娠中に即離婚というケースも珍しくありません。その結果、またしてもシングルマザーが増えるわけです。

さて、では別れた後、女の子はどうするか？

ほとんどの子は、また夜の街へ戻ってきます。乳飲み子を抱えていたりするうえ、ほかにできる仕事もありませんから、古巣のキャバに助けを求めてくるのです。

夫は夫でキャストに惚れて妻にするほどですから、元来のキャバクラ好きが大半です。別れたらすぐキャバクラ通いを再開します。

ここで再会のドラマが起きたりします。

別れた夫婦が、同じフロアでバッタリ顔を合わせるのです。

かつてのように、女はキャストとして、男は客として……。

気まずくならないのかって？　いえ、これが意外と悪くないのです。口では互いにブーブー言ってはいますが、その分フロアがにぎやかになるというものです。

面白いもんです。こんな喜劇を生で観られるのですから、キャバクラはやめられません。

悲劇もあれば喜劇もある、それが夜の街というものです。

アナタもそんな悲喜劇の主役を演じてみたいと――それでもまだキャストを嫁にしたいと思うでしょうか？　まあ、やりたい方はご自由に。私は傍観者として、ただ楽しませていただくだけです。

【第4章】修羅場にまつわる打ち明け話

キャットファイト勃発！　キャストが壮絶つかみ合い!!

売れっ子になるキャストには、共通点がいくつかあります。

真っ先に思いつくのが「ビジュアル」でしょう。それもある程度は必要です。しかし、意外にも絶対条件ではありません。

一番大切なのは、プライベートをかなぐり捨てられるかどうか。これです。

「残業はしたくない」

「休日はちゃんと休みたい」

「お仕事とプライベートはきちんと分けたい」

そんなことを言っていて売れた子はいません。一般のビジネスも同じでしょうが、やはりどこまで仕事に没頭できるかが、稼ぎを決定するものなのです。

キャストというのは、公私の境目が曖昧になりやすい仕事です。店に出勤して、フロアへ出ているときだけが〝仕事中〟とは限りません。むしろ、勤務時間以外の時間をどう使うかが、売り上げを決めるものです。

売れっ子というのは、出勤前の昼間からお客様にマメにメールや電話をして、営業をかけまくっています。さらには、例えば週6でレギュラー出勤していて休みが週に1日しかなくても、その休みの日にお客様の誰かと店外デートをしていたりします。

そのうえで、太客になりそうなお客様には、毎朝モーニングコールばりにメールをするとか、お客様の誕生日や記念日が近づいたら、休日にわざわざデパートへ繰り出してプレゼントを仕入れるとか、売り上げアップのために、あらゆる手段を講じています。

しかし稼いでいる子に限って、そうしたことを辛いと思ってはいないようです。

例えば、同伴やアフター、店外デートというのは、つまり、スケベなオジサンと一緒に街を歩くことを意味します。

なかなか売り上げを上げられない子――キャストになりたての子やハタチ前後の若い子に多いのですが、そうした子には、これがなかなか割り切れないようです。実際、若いキャストの中には、本当の友だちにはキャバクラで働いていることを隠している子も少なくありません。

そんな子たちにとっては、「アクセサリーを買ってあげる」と言われても、鼻の下を伸ばしたオッサンと一緒に丸井なんかの中を歩き回るのは苦痛なようです。

「知り合いに見られたら恥ずかしい」

「援交と勘違いされていないか人目が気になる」

でも、売れっ子は違います。

「アフター？　タダでごはん食べれてラッキーじゃん！」

「同伴？　欲しいもの買ってもらえてラッキーじゃん！」

むしろ楽しみを見いだしています。

ビジュアルの悪いオジサンにだって、自分から腕をからめて行きますし、その姿をたとえ仲のいい友だちに見られてもビクともしません。

「これがあたしの仕事なのに、なんか文句でもあるわけ？」

そのくらいのことを言いながら、手取りで月に100万くらいは平気で稼いでゆくのです。

売れるキャストは、肝が据《す》わっていて根性があります。

しかし、弱い部分も、もちろんあります。年頃の女の子ですから、ないわけがありません。

●気丈なキャストにも弁慶の泣き所

では、キャストたちの弱点は？　ズバリ〝男〟です。

キャストと付き合っている男が、彼女であるキャストの勤める店へ飲みに行くのは、夜の街ではよくあることです。

彼氏の方が気を利かせて、彼女の売り上げに貢献するために行く場合もあれば、単に顔を見たくて行く場合もあります。

場合によっては、「今月、売り上げが足りてないから来て」とキャストの方からお願いをすることもあります。なかなか売り上げを上げられないキャストが、控え室での体面を保つために、「ウチのお店に来て、あたしを指名して」と、事前におカネを渡して彼氏にお願いしているケースもあります。

これがトラブルの元となります。

敵対するキャストの彼氏が来店すると、ライバルのキャストが、その男にちょっかいを出すのです。

これ見よがしに男の隣に座ったり、しかも、ぴったりとカラダを密着させてみたり、そのうえで頻繁《ひんぱん》にボディタッチをしてみたり、電話番号やメールアドレスをこれ見よがしに交換したり……。露骨に色目を使うわけです。当の男は、お酒が入っていることもあって、たいていはデレデレとするばかりです。これでは彼女であるキャストが、穏やかでいられるわけがありません。

そんなことがあると、基本的に気の強いキャストのことですから、中座してバックヤードにちょっかいを出しているライバルキャストを呼び出したりします。

「あんた、何やってくれちゃってるわけ！」

しかし、呼び出された方も、それなりのタマです。

「は？　何か勘違いしてるわけ？　あんなブサイクに、あたしが手ぇ出すと思ってるわけ？」

すぐ、髪の毛のつかみ合いがはじまります。……いえ、つかみ合いだけで収まればマシな方です。彼氏が帰った後にも、ライバルキャストの嫌がらせが続くこともあったりします。

ラブラブ風なメールや電話を連発するのです。

男というのは基本的にバカですから、ヤキモキする彼女の気持ちなどよそに、いそいそと返事をします。こうなるともう全面戦争は避けられません。

そんな小競り合いの末に、手出しをされた方の子の堪忍袋の緒が切れたようです――。

●恨み晴らさでおくものか

ちょっかいを出されたキャストをA子としましょう。出していた方をB子としましょう。

その日、A子はお休みのはずでした。B子は夕方のオープンからシフトが入っていました。

早めに出勤していたB子は、開店に合わせて髪とメイクを作り、ドレスにも着替え終え、控え室で待機していました。

そしてオープン。さあ、夜のはじまりです。

待ちきれなかったお客様が、次々とドアをくぐってご来店です。

……と、その中に、なぜかA子の姿が。ボサボサ髪ですっぴんのまま、鬼のような形相です。

「あれっ？」と思う店長が声をかけるスキもなく、A子は思い詰めたような表情で、真っ直ぐ控え室へ。

ただ事ではありません。店長もすぐ後を追いました。が、次の瞬間、

「ギャァァァーーーーーーーー！」

中で悲鳴が上がりました。

店長が慌ててドアを開けると………そこには真っ白に濡れたB子の姿が。

ずぶ濡れのB子の横には、勝ち誇るような顔をしたA子。A子の右手には白くて細長い箱。

A子はその右手を、B子の頭上にかざしていました。

店長が白い箱に目を凝らすと、青い文字でこう書いてあったそうです。

「生乳１００％　成分無調整牛乳」

そうです。牛乳を浴びせかけたのです。頭から1リットルのパックを丸々。

作ったばかりの髪も化粧も、さらにはドレスも、すべてが台なしです。

「うあぁぁぁーーーーーん！」

B子は白い滴《しずく》を点々と垂らしながら、足早に店を出て行きました。その後をたどるようにして、不敵な笑みを浮かべたA子が、ゆったりとした足取りで出て行きました。

B子はその晩、店には戻って来ませんでした。

いえ、その日だけではありません。B子は次の日もシフトが入っていましたが、「ニオイが取れないから、お店に出れない」と、涙まじりの声で電話をしてきて、臨時休業を取りました。

大変なのはボーイたちです。水びたしならぬ牛乳びたしになった控え室は、手すきのボーイ総動員ですぐに掃除をさせたのですが、何日も生臭さが残りました。

控え室でさえ、消臭剤の散布がしばらく日課となったくらいです、ドレスなどゴミ箱行きとなったでしょう。ニオイの付きやすい髪の毛も、シャンプーで洗うくらいでは、どうにもならなかったに違いありません。

どれほど勝ち気なキャストにも、弁慶の泣き所は必ずあります。そこを面白半分に攻め続ければ、強烈な反撃を食らうでしょう。調子に乗るのもほどほどに——そんな教訓を得た出来事でした。まあ、A子もB子も、それからしばらくは、おとなしくなりましたので、私としては悪いだけでもなかったのですが……。

ブチ切れキャスト、出刃包丁を手に深夜の徘徊

とは言え、本当に厄介なのは、警察が介入する事態です。

夜の店はお酒もからむ話ですから、警察沙汰も日常茶飯事です。従業員の尻ぬぐいをするだけでも大忙しの冷や汗ものです。

かつて、こんなことがありました——。

ウチの店のキャストのＣ子が、お客様のＤ様と、店が引けた後、アフターで夜の街へ繰り出しました。Ｄ様は常連中の常連さんで、来店の際には必ずＣ子を指名していました。

「Ｃ子とＤさん、付き合ってるらしいよ？」

控え室ではしばらく前から、そんな噂もありましたが、どうやら事実だったようです。

その夜、Ｃ子とＤ様は夜の街の片隅の、暗がりの路地を入った奥で、固く抱き合い、唇を重ねたそうです。いえ、重ねるなどとお上品なものではなく、舌と舌とがからみ合う濃厚なもの

だったそうです。

なぜそんなことがわかるのかって？

目撃者がいたからです。

C子とD様は尾行されていました。2人の仲を疑い、真実を突き止めてやろうという人がいたのです。

その人物が、千鳥足の2人の後をつけて、現場を押さえたわけです。

こうしたことは、夜の街ではたまにあることですが、このケースはひと味違いました。追跡者も2人いたのです。――C子の彼氏と、D様の奥様です。

暗がりで尻や局部をまさぐり合いながら、派手に舌をからめ合うC子とD様を、それぞれの彼氏と奥様が、別々の方向から同時に発見したのです。しかも、示し合わせたのではなく、偶然に……。

路チューの現行犯逮捕。言い逃れのできない状況ですが、気の強いキャストと浮気性な飲み助のこと、しおらしく素直に頭を下げたりはしなかったのでしょう。

修羅場となりました。

しかもWの修羅場です。キャストと、彼氏と、浮気相手と、その妻と、4人が入り乱れての取っ組み合いになったそうです。

騒ぎでパトカーが駆けつけると、４人は警察署へ連行されました。事情を聴き取りに、店にも警察が来たそうです。閉店作業に追われる店長やボーイたちは、２時間以上も警官の相手をさせられました。

……と、このように、時間と労力を浪費したくなければ、警察沙汰は避けるに限ります。もしトラブルの芽を見つけたら、見つけ次第つみ取って、未然に防ぐことも大切です。

注意すべきポイントは、従業員の素行管理や法令遵守などいくつかありますが、やはり一番はキャストのコンディション管理でしょう。

キャストの子たちは基本的に、がさつで粗雑で、気が強いものですが、それでも酔っぱらいが相手ですから、仕事ではかなりのストレスをため込んでいたりもします。

そうしたストレスを吐き出すためでしょう。店を引けた後、別の店へ飲みに行く子がけっこういます。人気は、ホストクラブや若い男がバーテンをしているバーです。キャバクラのフロアでついさっきまで自分がされていたようなことを、今度は自分がすることでストレスを発散するわけです。

キャストの子たちのプライベートでの飲みっぷりは、はっきり言って下品です。しかし、こうしたガス抜きを上手くできないと、マズいことになります。

かつて、こんなことがありました――。

●ガス抜きも健康の必須条件

仕事ぶりはマジメで、売り上げランキングでもコンスタントに上位に入賞する、珍しく手のかからない、お行儀のいいキャストがいました。ここではM美としておきましょう。

M美には同棲している彼氏もいて、公私ともに順調でした。

しかし、マジメな性格ゆえ、発散が上手くできていなかったようです。新しく入店したキャストに立て続けに上位入賞の座を奪われてから、スランプに陥りました。それとほぼ同じ頃、彼氏ともすれ違いが増えたらしく、ふさぎ込みがちになりました。

「最近、彼氏が朝帰り続きでツラい……」

仲のいいキャストには、そんな愚痴をたびたびこぼしていたそうです。

そうこうするうちに、ある日の深夜、私のケータイが鳴りました。M美の勤める店の店長からでした。

「社長！　M美が……ヤバいことになってます！」

一報を受けて、私はM美の暮らすアパートへ駆けつけました。

アパートの前の道にクルマを停めて、敷地へ入る……と、そこにはちょっとした人だかりができていました。ウチの店の者たちでした。電話をしてきた店長と、ボーイたち、さらにはM美と仲のいいキャストが数人、何かを取り巻くようにして右往左往していました。

輪の中心にいたのは、般若の形相のM美。キャミソール1枚のあられもない姿で、髪の毛はバサバサに乱れ、裸足のままで……そして、手には出刃包丁が握られていました。

そんなM美が、青白い顔で叫んでいました。

「おーい！　どこにいるんだよー！　早く帰って来いよぉーーー！」

出刃包丁を振り回しながら、アパートのまわりをフラフラと徘徊しているのでした。

「おーい！　女のところにいるのはわかってんだぞーーー！」

完全に錯乱状態です。変なスイッチが入ってしまったようで、その場にはいない彼氏に向かって叫ぶのでした。

これはマズいです。近隣住民に110番されないうちに、どうにかしなくては……。

私は背後からM美に近寄って、握られている出刃包丁を叩き落としました。それを合図に店長やボーイが彼女を取り押さえたので、みんなですぐさま部屋へ押し込めました。

あまりの様子に近隣住民は恐れをなしたのか、それとも単に関わり合いになりたくなかったのか、警察に通報されなかったのが幸いでした。

――さて、その後、M美はどうなったか？

M美は翌日のシフトに入っていたのですが、驚いたことに、普通に出勤してきて、キレイにドレスアップをすると、しれっとフロアで接客していました。これが女性の強さであり、恐ろしさでもあります。

彼氏とはほどなくして同棲を解消し、キッパリと別れたようです。別れてしばらくの間は、大酒をカッ食らっては荒れる日々が続きましたが、それも半年くらいのことでした。半年でM美はキッチリと男に見切りをつけると、完全に気持ちを立て直したようです。

それからのM美はすごかったですね。再び、稼ぐようになりました。しかも完全復活どころか、大逆転です。常にナンバー1争いにからんでくるほどの売れっ子に化けました。雨降って地固まる、というやつでしょうか。しかし、こうしたことはよくあるものです。

男とひと悶着あってダメになっても、その経験を経ることで、ひと皮剥けてブレイクする。そんな成長劇が夜ごと、あちこちで繰り広げられているのです。これも夜の街ならではの面白さに違いありません。

バカなボーイがヤクザの息子と大立ち回り！

常連さんの中には、キャストだけでなく、ボーイをかわいがる方もいらっしゃいます。

理由はふたつ。ひとつは、ボーイと仲良くなって、ことさらに常連感を漂わせれば、ほかのお客様よりもデカい顔をできると思うから。

もうひとつの理由は、オキニのキャストの情報を個人的に流してもらえると思うから。

このために、ボーイをテーブルに呼んで1杯ごちそうしてみたり、キャストと一緒にアフターに連れて行って寿司や焼き肉を食べさせたり、さらには、休日にわざわざ呼び出して居酒屋でおごったりするのです。小ずるいボーイなどは、自分の方から「○○さんのオキニの誰それの最新情報があるんですけど」などと誘いをかけて、飲み食いをたかったりしています。

そうした関係がエスカレートすると、兄貴分と弟分よろしく四六時中つるむようにもなるのですが、あまりに仲良くなりすぎるのも考えものです。関係がダレてしまい、本来の「お客様と接客する側」という意識が薄れてしまいがちですから……。

これからお話しするのも、そんな類の話です。


どこにそんなおカネがあるのか、24～25歳の若さで毎晩のように来店する常連のお客様がありました。仮にY様としておきましょう。

このY様、当然オキニのキャストもいたのですが、それと同じくらいにヤスというボーイがお気に入りで、フロアにヤスの姿を見つけると、

「おい！　ヤスもこっちに来て座れよ！　好きなもの飲んでいいぞ！」

などと、キャストを差し置いてテーブルに着かせることもしばしばでした。

ボーイのヤスは、ハタチを1つか2つ出たばかりでしたが、以前テコンドーをやっていたとかでガタイもよく、またY様のおごり酒ということもあってか、仕事中にもかかわらずガバガバと飲みまくるのでした。まあ、これが売り上げに貢献することもあって、店長はヤスがY様のテーブルに着くことを許していました。

そんな感じでかわいがってもらっていたのですが……その晩はお酒が入りすぎたのか、もともとイキがっているところのあるボーイではあったのですが、ヤスがやらかしてしまいました。

まだ営業中の夜11時頃、店長から本社の事務所に電話が入りました。

「社長！　ヤバいです！　大変なことになってます！」

なんでも酔っぱらったヤスが店内で暴れているとのこと。

ガタイがいいうえに、格闘技経験者ということで、ほかのボーイ数人で止めようとしたものの、押さえ付けることもできないとのことです。

駆け足で店へ行きました。

ドアを開け、フロアへ入ると、壁際でY様とヤスが向き合う形で立っていました。

――よく見ると、ヤスの右手が真っ直ぐにY様の首に伸びていて、ガッチリとノド輪を決めていました。

「バカヤロウ！」

とっさにタックルをして、ヤスを弾き飛ばしました。

ズルズルと壁に背中を擦りながらへたり込んだY様は、ボーイたちにバックヤードで介抱させました。幸いにもY様に大きなケガはありませんでした。……が、大問題が発覚しました。

こともあろうか、そのY様、なんとヤクザの次男坊だったのです。

●組事務所からの呼び出し電話

翌日、組から電話が来ました。

「若《わか》の首にアザができた。どうしてくれるんだ⁉」

　そして、お決まりのフレーズが続きました。

「誠意を見せろ！」

　このときばかりは100％こちらに非がありますから、恐喝うんぬんの心配もなかったのでしょう。ズバリと金額を提示してきました。

「1000万円で手を打ってやる」

　そんなおカネはありませんし、一度払ってしまえば、その後もズルズルと行ってしまうことは想像に難くありません。正直に「払えません」と言いました。ヤスは即日クビにしたことも伝えました。しかし、それで済むはずもありません。

「明日の午後3時、組事務所に顔《ツラ》を出せ」

　そう命じられて電話が切れました。

　仕方ありません。私は翌日、組事務所へ行きました。

　……ただし、1人ではありません。あの晩、フロアにいた従業員全員――店長以下、ボーイからキャストまで、きちんとスーツを着させて、ゾロゾロと引き連れていきました。

　大人数で押しかけると、事務所へ入るなり――入りきらずに数人は廊下へはみ出ていたのですが、にらみを利かせた組長と次男坊に向かって、全員で土下座しました。

頭を床に着けたまま、5分だったか10分だったか、どれくらい経った頃でしょうか。

「やめろ！ もういい！」

次男坊のかん高い声が部屋一杯に響きました。

「もういいから、みんな帰れ！」

それっきりです。その後も電話の一本もなく今日に至ります。あっさり片が付きました。

――実はこれ、勝算がありました。

キャバクラ遊びにハマる方というのは、基本的にエエカッコしいです。そんな方が、惚れた女の前でボコられたうえに、惚れた女に土下座までされては、男が立ちません。

事実、街のネットワークで情報収集したところ、どうやらY様自身が、お父様である組長に「これ以上、何かやると話が広まって俺が恥をかくから、もうやめてくれ」と言ったとか。

Y様が人目を気にするエエカッコしいで救われた一幕でした。

……はい？ 私ですか？ ヤクザなんかに土下座などして屈辱《くつじょく》じゃないのかって？

いえいえ、メンツなど腹の足しにはなりません。頭を下げるだけで1000万円が浮いたと思えば、あまりにもお安い御用ですよ。はい。

ヤクザに拉致られる者、スカウトされる者

夜の街には、ヤクザが付きものです。

肩で風切り歩く者から、薄暗がりに潜《ひそ》む者まで、至るところにいるものです。

いえ、ご安心ください。普通に遊んでいる限り、素人さんには手出しはしません。一般のお客様は、ヤクザにとってもお客様です。素人の方々でにぎわって夜の店が繁盛してこそ、ヤクザも店からショバ代やみかじめ料を吸い上げられるわけですから。

しかし、夜の街の住人となると、話はまた違ってきます。お水の世界で名を上げた者となると、特に注意が必要です。売り上げのおこぼれにあずかろうと、狙われるからです。

例えば、こんな〝事件〟がたびたび起きます――。

昼下がりの繁華街、私は新人キャストの面接のため、店へ向かって歩いていました。

「キキィーーーーッ！」

繁華街のセンター通り、私の背後で鋭いブレーキ音が鳴り響きました。

振り向くと、真っ黒いワンボックスカーが歩道に乗り上げながら、不自然な形で停まりました。ワンボックスのすぐ横には、進路を阻《はば》まれて戸惑う中年男性が1人。

「おや？」と思うスキもなく、ワンボックスのスライドドアが乱暴に開くと、黒ずくめの男が3人降りてきました。

そして、

「ボスッ！」

中年男の腹にワンパンを叩き込むと、そのまま車内へ押し込み、あっという間に走り去って行きました。

拉致です。

しかし、私は慌てませんでした。

「またか」と思っただけでした。ケータイを取り出して110番をすることもなく、ワンボックスの去った方をぼんやり眺めるだけでした。

どうしてかって？　拉致られた中年男性は、このところ急に頭角を現してきた大箱キャバの経営者・U氏でした。黒いワンボックスカーの方は、記憶のとおりで間違いなければ一帯を仕切る○○会系○○組のクルマです。

U氏がその組に拉致られるのは、噂どおりで間違いなければ、これでもう3度目のこと。U氏は派手に売り上げて、ヤクザに目を付けられていました。要するに、「ビジネスに一枚噛ませろ」というわけです。

しかし、U氏はみかじめ料を渋っていました。そのせいで拉致られて、自分自身を人質とされて、〝商談〟に持ち込まれたわけです。

結局、最初の拉致でU氏は折れてしまい、みかじめ料を納めることになったようです。一度そうしてしまうと、後はキリがありません。U氏は事業成績を伸ばすたびに、ケツ持ちとなった組に拉致られて、上納額の上乗せを迫られたのです。

そんな定例儀式のような拉致劇が、この街では警察の目の届かないところで、たびたび起きているのです。

ヤクザには関わったらおしまい――つまりは、そういうことです。

●組事務所からのご指名電話

拉致などと物騒なやり方ではなく、スマートにアプローチされることもあります。

これは私が26~27歳の頃、まだ自分の会社を立ち上げる前の、別のお水の店に勤めていたときの話です。

「店長のウエスギはいるか？」

開店の準備に追われているところに、一本の電話がかかってきました。

電話の主は、別の街にあるお水の経営関係者でした。「おまえさんにとって、決して悪い話じゃないぞ」

「話があるから」と、呼び出しを受けました。

とのことでした。

翌日の昼過ぎ、指定の場所へ出向きますと、単刀直入に言われました。

「ウチの会社で働かないか？」

その頃の私はイケイケで、まかされている店の売り上げを大きく上げていました。自分で言うのも何ですが、まあ、赤丸急上昇中の若手ホープだったわけです。

そんな評判を聞きつけたのでしょう。いわゆるヘッドハンティングです。

「ギャラは月50万円の固定給に、売り上げに応じた歩合をプラス」

20代の雇われ店長としては好待遇です。

……しかし、丁重にお断りしました。

その会社、調べたところ某組関係の企業舎弟だったからです。

ヤクザとお水の関係は、みかじめを徴収してケツ持ちをするだけとは限りません。ときには、組が直接経営に携わっている場合もあります。もちろん、それを公にすることはできませんから、登記などは舎弟企業にさせるのですが、実質的にはヤクザの直営です。

そういった筋の店は、ノウハウがないのか、それとも企業努力が足りないのか、なぜかたいてい商売下手で、売り上げがよろしくありません。

そこで、活きのいい素人を引っぱってきて働かせるのです。——つまりは私も、そんなヤクザにスカウトされてしまったわけです。

「何が気に食わないんだ？　カネか？」

辞退を申し出たところ、料亭のようなところへ連れて行かれて、組長とおぼしき人物に問い詰められる一幕もありました。

いえ、ギャラに不満はありません。

しかし、その会社に入ってしまえば、ゆくゆくは組の構成員になることが確実です。そうなれば休日はおろか、私生活は完全に消滅し、すり切れるまでこき使われるでしょう。その仕事の内容だって、合法のものとは限りません……。

拉致られようがスカウトされようが、最終的にはそう変わりはないでしょう。ヤクザとは関わり合いになったが最後、しゃぶり尽くされてしまうわけです。「君子危うきに近寄らず」ということです。

バカボーイ2号、ヤクザに怒りの先制攻撃！

ヤクザというものは、この夜の街では、本当にどこにいるかわかりません。うかつなことをすれば、とんでもない目に遭うでしょう。

これからお話しするマサというボーイの話が、いい例です――。

ある晩の閉店後のことでした。ウチの店のボーイのマサが、まとめたゴミ袋を集積所へ出しに行きました。

マサが大きなゴミ袋を抱えて、雑居ビルを出ると、ちょうどそのタイミングでビルのエントランス前に、黒いセルシオが乱暴に横付けされたそうです。

ボーイにはこの手の者が多いのですが、マサも昔ボクシングをやっていたとかで、まあひと口で言えばイキがっている若造《ガキ》でした。

セルシオがゴミ袋をかすめるような勢いで突っ込んで来たことに怒ったのでしょう。思わず持っていたゴミ袋のひとつを投げつけたそうです。

すると、運転席の窓ガラスが下がり、中から男が首を出して怒鳴りました。

「何するんじゃ！　コラァー！」

しかし、マサも負けてはいません。次の瞬間、手が出ていました。セルシオの男の顔面に、ストレートパンチをお見舞いしたのです。

普通ならこれで、やられた方は顔を抱えてうずくまるのが精一杯でしょう。

しかし、セルシオの男は違いました。

「おどりゃぁぁぁぁあああーーー‼」

鼻血をぬぐうこともなく、クルマから勢いよく飛び出して来たそうです。

マサは21歳とまだ若く、場数を踏んでいませんでした。反撃されることには慣れておらず、それだけでビビッたようです。もうひとつのゴミ袋を男に投げつけると、一目散に逃げました。

それにしても、どこに誰がいるかわからない夜の街で、誰かれかまわずすぐに手を出す。これは明らかにバカのやることです。——はい、マサはバカでした。逃げるにしても、せめて夜の街のどこかへ逃げればいいものを、こともあろうかビルへ戻って、店内へ逃げ込んだのです。セルシオの男が追って来て、瞬時に店がバレました。

「ざけんな！　このクソガキがーーー！」

男は店のフロアでマサを捕まえると、胸ぐらを締め上げて、顔面と言わず腹と言わずあらゆるところへ拳を打ち込みました。ボコボコなどというレベルではありません、半殺しです。

止めに入ったほかのボーイや店長も、とばっちりを受けてボコられました。

それでも気が済まなかったのか、男はフロアにある小テーブルやスツールを次々と持ち上げては、バーカウンターや鏡張りの壁へ向かって投げつけたそうです。

店の外へ脱出した店長が110番をして、警察が駆けつけるまでの10数分間、男は暴れ放題に暴れ続けて店内を破壊し尽くしました。

連絡が入って私が駆けつけたのは、男が連行された後でした。一面血の海の店内で、警察が現場検証の最中でした。

店内は変わり果てていました。テーブルやソファはすべてひっくり返り、床には割れたガラスが敷きつめられていて、壁には血痕でド派手な模様が描かれ……さながら戦争の後でした。

これだけの大暴れをする者は、ほかにはいません。――はい、男はヤクザ者でした。

●目先のカネより大切なもの

翌日、ヤクザ側から「示談してくれ」との申し出がありました。「内装や備品、ケガ人の治療費と慰謝料など被害の一切を弁済する」とのことです。前科が増えるとマズいのでしょう、「賠償をするから告訴を取り下げてくれ」と言うのです。

またしても無料リフォームのチャンス到来です……が、このときばかりは断りました。申し出は突っぱねて、警察には刑事事件としてきちんと処理してもらいました。

ヤクザ側は納得していませんでした。それはそうです。そもそもボーイの方から手出しをしたのですから。ある意味、ヤクザには気の毒な話です。

しかし、示談に応じてしまうと、夜の街で「あの店はヤクザに屈した」という噂が立つでしょう。そうなれば、ほかの組も動き出すに違いありません。「あの店は簡単に屈する」と舐められて、あちこちからたかられてしまうわけです。そうならないよう毅然と対応したのです。

——さて、ところで、ボクサー崩れのマサはどうなったか？

ヤクザの返り討ちに遭ったため、顔がアンパンマンのように腫れ上がりました。

それもあって、4～5日、店を休むように言い渡しました。

「おまえ、面も割れてるし、街でも噂になってるから、しばらくは出歩かない方がいいぞ」

そう忠告もしておきました。

マサは金髪にしていましたので、ついでに「ブチ込まれたヤクザの舎弟に狙われないように、黒髪に染めた方がいいぞ」とも言っておきました。

この脅《おど》しが効き過ぎたのかも知れません……。

出社日になっても、マサは姿を見せませんでした。

「電話しても連絡が付かないんです」と店長も心配の様子です。

報復としてヤクザに拉致られた？　マサはワンルームの男子寮に入っていたので、私は急いで合い鍵を手に、ヤツの部屋へ向かいました。

高鳴る鼓動を聞きながら、鍵を開けて部屋へ入る……と、一気に気が抜けました。

部屋からは一切の私物が消えていて、もぬけの殻となっていました。

飛んだのです。ヤクザの仕返しが恐くて、夜逃げをしたのでしょう。ウチの店だけでなく、どうやら街そのものを出たようでした。そこまでのヘタレなら、最初から手出しをしなければいいものを……。

夜の街では、身の程を知ることが大切です。

みなさまも、お酒が入れば、ときには気の大きくなることもあるでしょうが、ゆめゆめ羽目を外しすぎぬよう、どうぞお気を付けくださいませ。

禁断の独立劇とライバル店のツブし方

夜の街では噂の影響力がバカにならないのですが、この噂話の持つ力、ビジネス面でも大いに活用できるものです。

例えば、常日頃から各店の店長には「新人をスカウトしてこい」と言っていますが、同時に「ヤリマンを2〜3人、常に店に置いておけ」とも言いつけています。

尻軽ですぐにヤラセる子というのは、夜の街でも噂になります。

「あの店の○○ってキャストは簡単に食える」

これがいい宣伝になるのです。口コミで、スケベなお客様が集まって来ます。

また、ポジティブな使い方だけではありません。ネガティブな方向にも使えます。

——悪い噂を流して、ライバル店をツブすのです。

「あの店でぼったくられた」

「従業員に脅された」

悪い噂にもいろいろありますが、一番効くのが〝未成年就労〟にまつわる噂です。

「あの店、どうやら高校生がバイトでキャストをやってるらしいですよ」

そんな話を、自分の店の常連さんなどに、さり気なく吹聴《ふいちょう》するのです。

中には、そのせいで一時的に人気が出ることもありますが、まともなお客様なら面倒なことに巻き込まれないよう、自然に足が遠のくものです。特に、お仕事の接待でご来店になる法人利用のお客様などは、もうパタリと途切れます。

場合によっては、警察や税務署も動き出しますから、噂が上手く広まれば、その店が閉店に追い込まれるのも時間の問題でしょう。

情報戦です。

先制攻撃をカマしたり、逆に、仕掛けられたら火消しをしたり——そんなこともキャバ経営では重要な業務のひとつなのです。

そう言えば、以前こんなことがありました——。

●禁忌を犯せば必ずや報復が

夜の街では、独立にからんだトラブルもよく耳にします。

勤めている店を辞めて、同じ業種の店を開く場合、世話になった古巣の店に仁義を通すのが、お水の世界の掟《おきて》です。しかし、それをやらずに火の粉を上げる輩が後を絶ちません。

その騒動も、人気の大箱店・Aから独立した男がオープンした店・Bが舞台でした。

Bの経営者ヤナギは、独立に関する不文律をことごとく破っていました。

①退社後、オープンまでしばらく間を空けず、すぐに店を開いた。
②ヤナギはBを、Aと同じ町内に開いた。

そして何より、

③キャストもボーイも、使える者はごっそり引き抜いていった。

キャストを引き抜くということは、つまり、その子たちに付いているお客様をかっさらってゆくことを意味します。これはご法度もいいところ、まさに禁断の独立劇です。

店長やボーイが店を辞めるということは、勤めていた店に不満がある場合がほとんどなのですが、だからといってここまでのことをするというのは、あまりにも露骨です。

宣戦布告と言っていいレベルです。

キャストごと上客をごっそり持って行ったからでしょうか、ヤナギの新店Ｂはオープン当初から盛大に売り上げ、早くも一躍人気店となりました。その裏で、Ａは一時的に経営不振に陥りました。

当然、Ａの経営陣は黙っちゃいません。すぐさま〝作戦〟が決行されたのでしょう。

しばらくすると、夜の街でこんな噂がささやかれはじめました。

「あの新しい店、従業員の間でドラッグが流行ってるらしいぞ？」

Ｂの客足は少しずつ退きはじめました。

そしてある晩、店の前に赤い回転灯を光らせたパトカーがズラリと並びました。

「店のトイレにマリファナの袋が落ちてます」

そんな匿名のタレコミがあったとか。

結局、Ｂから逮捕者は出なかったのですが、これを機に、あれだけにぎわっていたにもかかわらず、客足は完全に途絶えました。

それでも噂の一人歩きは止まりません。

「店内でドラッグパーティーをやっていたらしい」

「キャストにはヤク漬けにされた子もいたらしい」

「だから警察が動いたんだ、間違いない」

　3カ月後、あっけなくBは店じまいとなりました。

……いえ、話はこれで終わりません。怖ろしいのはこの後です。

新店Bにすべてを賭けていたヤナギは、かなりの借金を背負うこととなりました。当然、権利から何から、Bに関するものはすべて手放さざるを得ませんでした。

そしてなんと！　そのBの権利等々を、Aを運営する会社が破格値で手に入れたのです。事実上の吸収合併です。Aのキャバクラグループに新たな1店が加わったのです。

仁義なきキャバクラ国盗り物語、最終的に得をしたのはAだったようです。

食うか食われるかのお水の世界。今日食った側の者が、明日になれば食われる側に回されるのも、珍しいことではありません。

　ケンカを仕掛けるなら、それ相応の腕と覚悟が求められます。もし、それだけの自信がないなら……、おとなしく機会を待つことも大切でしょう。

500万が消えた！　自作自演の強盗劇

お水の世界は現金商売の世界です。ですから、従業員の給料も基本的には銀行振り込みではなく、今でも現金の手渡しで支給しているところが少なくありません。

私どもの会社でも、給料日には朝から本社の経理担当者が本社の役員の立ち会いのもと、銀行へ行き全員分の給料を下ろして、ひとまず会社へ戻ります。

会社へ戻ったら、各人の支給額を計算しながら、1人分ずつ封筒に小分けにし、それを店舗ごとにまとめてから、立ち会いや警護のもと各店へ運び、店舗の金庫へ収めます。

で、キャストやボーイが出勤したら、店長が金庫からその者の分を取り出して、現ナマ入りの封筒を手渡しするという流れになっています。

このやり方、恐らく他店でもそう違いはないでしょう。

こうした慣習を逆手にとって、こんな事件が起きました――。

●ヤリ手の男がプチ下剋上

舞台となった店・Wは、この街でも有数の人気店。雇われの店長がヤリ手の男で、売り上げも上々。当然、毎月の給料日には巨額の現ナマが動いていました。

話では、給料日のその日も、Wの経理担当者は専務の立ち会いのもとで、その日に出勤する者の分の封筒の束を、金庫に収めたそうです。

しかし、一番乗りで出勤してきたキャストに封筒を渡そうと、店長が金庫を開くと……、

「ない！　カネがなくなってる！」

金庫の中の給料が、ごっそり消えていたのです。計500万円強の額だったそうです。

店長の110番通報でパトカーが急行しました。現場検証、事情聴取、金庫の取っ手や従業員の指紋採取……と、やるべきことはすべてやったそうですが、誰が盗んだのか、どのタイミングでどうやって持ち出されたのか、結局わからずじまいだったそうです。

しかし、オーナー以下、誰も真相を突き止めようとはしませんでした。

消えた500万円が盗難保険で賄われたからでしょう。オーナーのフトコロが痛むこともなく、給料は何ごともなかったかのように支給されたので、誰もわざわざ手間をかけてまでして犯人を捜そうとは思わなかったようです。事件はうやむやのうちに幕引きとなりました。

問題は後日です。

しばらくすると、夜の街にこんな噂が流れはじめました。

「あの500万、雇われ店長がネコババしたらしいぞ？」

盗難劇は、ギャラの安さに不満を募らせていた店長による自作自演だったというのです。だとすると、店長には身の危険が？　オーナーにケツ持ちのヤクザでもけしかけられて、さぞひどい目に遭わされたのでは？

——いいえ、驚いたことにその店長、今でも普通にWで働いています。トンズラをするでもなく、懲罰を受けるでもなく、普通に続投しています。

「オーナーも薄々勘づいてはいるものの、証拠がないので手出しをできない」という話です。売り上げの上げられる店長だったので、手放すのが惜しかったのかも知れません。損得を天秤にかけて、「500万は臨時ボーナス」と割り切ったとの噂もあります。

もはや、キツネとタヌキの化かし合いです。店長も店長で、夜の街全体の話題になっているにもかかわらず、何食わぬ顔で今もWを取り仕切っています。肝の据わった男です。

切れるヤツというのは、余計なところでも頭が回ったりするものです。雇う方の身としては、諸刃の剣です。食うか食われるかが、お水の世界。寝首をかかれて下剋上……なんてことにもならないように、私も気を抜けません。

謎の資産家未亡人「アレを食べたら即金で200万円」

夜の街で働いていると、本当にいろいろな方と出会うものです。

これは、私がまだ若かった頃の話です——。

その頃、私は「そろそろ独立して自分の店を持ちたい」という野望に燃えていました。そんなタイミングで、営業権込みのいい物件が出ているのを見つけました。

「この物件なら勝負できる！」

そう直感し、資金集めに走りました……が、後ろ盾もなく、ろくな担保も持たない若造のこと、そう簡単にまとまったおカネを集められるわけがありません。

「早くしないと、あの物件を持って行かれちまう！」

焦りばかりが募ります。

そんなときでした。

「パトロンになってもいいという方がいらっしゃるが、どうする？」

人づてにアプローチを受けました。

願ってもない話です。すぐ、ごあいさつにおうかがいすることとなりました。

面会当日、運転手付きのロールスロイスが、私を迎えに来ました。

車中で、話をつないでくださった方に、いろいろと訊ねると、「土地持ちのご主人が亡くなって、莫大な遺産を持てあまし、方々へ出資なさっている奥様」とのこと。

しばらくしてロールスで運ばれたその先は、広大な庭のある大豪邸でした。

お屋敷へ入ると、宴会場さながらのだだっ広い和室へ通されました。

和室には重厚な木製のテーブルが据えてあり、その向こう側に老婆が1人座っていました。歳は60代の中後半。お歳を召してはいたものの、女優の野際陽子さんに似た、とてもおキレイな女性でした。

その方が、例の未亡人でした。

未亡人は、ほっそりとした体つきで、全体に凜《りん》とした空気をまとっており、よく見ると眼光鋭く研ぎ澄まされていて、まだ若造の私にも、それなりの人生経験を積んでいる女性であることが、ひしひしと感じられました。

テーブルをはさんで、ごあいさつをはじめると、未亡人は私の言葉をさえぎって、

「あなたのことは調べさせてもらいました。見どころのある若者と思ったので、出資してあげようと思い、今日ここへ呼びました」

そう言うと、私の希望を遥かに上回る金額と、夢のような貸し付け条件を提示してきました。

私は飛び上がってよろこぶのをこらえるのに必死でした。

……しかし、ウマい話がそう簡単に転がっているわけもありません。

ひと呼吸置いた後、未亡人は続けました。

「ただし、あなたの本気を確かめておきたい」と。

「これから言うことができたら、今言った条件で融資をしてあげましょう」

そう言うと、

――パンパン！

大きく2つ手を叩きました。間髪入れずに障子が開き、中年の男が入って来ました。

●男が無言で差し出した物

未亡人の秘書か何かでしょうか、中年男はオールバックで、カッチリとしたスーツを着ていました……が、その手にはルックスには不釣り合いなものを持っていました。

純白の大皿です。直径50～60センチはありそうな大きな皿でした。

男はその大皿をうやうやしくテーブルの上へ置くと、未亡人に向かって一礼し、無言のまま部屋を出て行きました。

しばらくの間の後、未亡人は大皿を指先で撫でながら、静かにこんなことを言いました。

――今からこの上に大便をする。それを食べたら、おまえの本気を信じてやろう。

未亡人の言葉が終わると、広い和室は再びの静寂。

私は一切リアクションできず、固まっていました。

私が戸惑うことも想定していたのでしょう。未亡人は大皿の横に四角いものを2つ積み上げました。

帯封がついたままの万札でした。2つということは、つまり200万。

「残さずにキレイに食べたら、ごほうびだ。融資とは別にこれをあげるよ」

そう言うと、その日はじめて未亡人がニヤリと表情を崩しました。

未亡人にとっては200万など、ゴミのような額なのでしょう。それどころか提示された数百万という貸し付け額でさえ、彼女にとっては大した数字ではないのかも知れません。

ヒマをつぶすためなら投げ捨てても惜しくない額――それを餌《えさ》に若い男をおびき寄せ、歪んだ性的趣味を満たそうという、そんな魂胆なのでしょう。

このように、夜の街とは魑魅魍魎のうごめく場所でもあるのです。
一歩足を踏み込んだなら、行くも戻るもそこは蛇《じゃ》の道……なのかも知れません。

で、食べたのかって？　…………もちろん食べませんよ。まがりなりにも飲食業に携わる者として、そんな不衛生なことができるわけないじゃないですか。それに、何よりも私、人を試す輩というのが、どうしても好きになれません。

結局、絶好の物件と、そのタイミングでの独立は、見送らざるを得ませんでした。
いえ、それでよかったのだと思います。

「あのとき、もし食べていたら……、そして、あの女性の世話になっていたら、その後どんな人生になっていたのか……」
そんな想像をしてみる夜もないではありません。けれど、今にして思えば、あれが身の丈に合っていたということでしょう。あの後さらに数年間、地道な下積みを続けることで、開業資金を貯めるだけでなく、結果的に、独立に一番大切な経験と人脈というものを積み上げられたわけですから。

未成年キャスト就労で摘発！　その裏に黒い影……

私どもの店で起きた一番の大事件と言えば、やはり、逮捕者を6名も出したこの事件ということになるでしょう。

舞台となった店・Rは、そのとき売り上げが低迷気味でした。前に話したことですが、ボクサー崩れのバカなボーイがヤクザを殴ったせいで、店内をメチャクチャにされ、そのせいでよくない噂が流れたり、リフォームのためしばらく休業したりしたからでしょう。売り上げがガクンと落ち込んでいました。

ですから、店長にも焦りがあったのかも知れません。

ある日、Rの店長がどこから引っぱってきたのか、新人キャストを一挙に5人も入店させました。チャラチャラと遊んでいた仲良しグループをごっそりキャッチして、丸ごと面倒を見ることにしたようです。

店長は、女の子たちの質に自信があったようで、すぐにでもフロアに出して働かせたかったのでしょう。私のチェックはスルーして、自分の裁量で入店させました。

5人という大量入店のうえ、誰もが上玉とくれば、逃げられないうちにすぐ働かせて、ギャラを握らせ、既成事実を作りたいと思うのは当然のことです。こうした場合は、私も現場にまかせることにしています。

で、さすがは店長自信の女の子。5人は5人ともが若くピチピチしていて、すぐ人気キャストとなりました。夜の街全体でもちょっとした評判となり、客足は一気に戻り、Rの売り上げはV字回復を遂げました。

そんなときです。常連のお客様から、気になる話を聞かされたのは。

「お宅で未成年を使ってるって噂があるけど、大丈夫？」

まさか。

売り上げの戻ったRを妬んだ誰かが、根も葉もない噂を流しているのでしょう。

私どもでは、キャストが新しく入店する際には、運転免許証や健康保険証、パスポートなどの身分証明書で、身元と年齢をキッチリ確認することが条件となっています。店長裁量で採用する場合でも、これは鉄則です。

……が、しかし、そうした書類に何らかの不備があったとしたら？

胸騒ぎがしたので、私は各店の事務室に保管してあるすべての履歴書を、自分の目で確認することにしました。

キャストであれボーイであれ、従業員の履歴書は、各人が勤務する店で保管しています。私は関係スタッフを引き連れて、グループ全店の一斉点検をすることにしました。

やはり、きな臭いのは、最近になって新人の入った店です。新人のいる店からチェックすることにしました。

1軒目は大丈夫でした。

2軒目も大丈夫でした。

そして3軒目、Rの番です。

午後の1時を回った頃でした。入居している雑居ビルをエレベーターで上がって、Rの店長にドアの鍵を開けさせて、店内へ一歩足を踏み込む……と、その瞬間です！

――ドタドタドタ!!

後ろから私たちを押すようにして、複数の男たちがなだれ込んで来ました。

「はい！　そのまま！　全員動かないで！」

刑事たちでした。

●強制捜査で真相判明！

後でわかったことですが、警察はいち早く情報をキャッチしており、すでに私どもの会社に内偵をかけていたそうです。そして、私が履歴書チェックのために全店巡りをしているのを、尾行していたのか、それとも張り込んでいたのか、証拠隠滅をしているものと勘違いしたようで、急遽、現場を押さえたそうです。

こうなれば仕方ありません。刑事立ち会いのもと、履歴書を一枚一枚広げて確認することとなりました。

そして……はい、ご想像のとおりです。例のピチピチした新人5人です。彼女たちの履歴書を広げたところで、

「それだ！」

刑事たちが声を上げました。

いえ、履歴書にはちゃんと健康保険証のコピーが添えられていました。年齢も18歳が3人と、19歳が2人。問題ないはずでした……が、これが飛んだ食わせものでした。

——健康保険証がニセモノだったのです。

偽造ではありません。後で発覚したのですが、5人にはそれぞれ姉がいました。

はい、18歳を過ぎた姉の保険証を、自分のものと偽って店長に提示していたのです。健康保

険証には顔写真がありませんから、こうしたトリックが簡単にできてしまったのです。

5人の実年齢は、一番上でも17歳、一番下の子に至っては14歳の現役中学2年生でした。ガキです。完全に未成年です。〝若く〟て〝ピチピチ〟しているのも当然です。

結局、5人のスカウト行為や勤務指導などに関わったとして、店長以下6名にものぼるR従業員が逮捕され、最終的に、書類送検される事態となりました。

ダマされたのはこちらだというのに……。

しかし、「18歳未満が相手の事件では、いかなるときでも相手側が〝被害者〟で、あなた方が〝加害者〟なのだ」というのが警察の言い分でした。

店の方は、完全リニューアルせざるを得ませんでした。悪いイメージをぬぐい去るためです。店名を変えて、看板までかけ直しました。そのための費用は自分持ちです。

釈然としません。

ですが、法律がそうであるなら従うしかありません。

まあ、私としましても、普段から店長やボーイたちに「どんどん新人を入れろ。新しいキャストをキャッチしてこい」と口を酸っぱく言っていたので、それがプレッシャーとなって勇み足を踏ませてしまったのかと、反省もした次第です。

――しかし、話はこれでは終わりません。

これにはもうひとつ裏がありました。

完全リニューアルを済ませてしばらくの後、不穏な噂が私の耳に飛び込んできました。

「Rにヤラれたヤクザが、店をツブすために未成年を送り込んだらしいぞ」

はい、ボクサー崩れのボーイに殴られて、それで暴れたあのヤクザです。あのヤクザがムショにブチ込まれたことの報復として、組の者に指示をしてメスガキどもを送り込んだというのです。

事情通氏の話によれば、5人の未成年は、ヤクザから身分証のトリックなども仕込まれて、幼い刺客として送り込まれたとのこと。18歳以上の姉がいる子ばかりを人選して、Rの店長に上手く引き合わせるまでのお膳立ても、全部ヤクザがやったことという説までも……。要するに、まんまとハメられてしまったわけです。

――裏の裏に、もうひとつ、さらに大きな裏がある。それが夜の街、水商売の世界です。食うか食われるか、ヤルかヤラれるか、緊張の日々です。おかげ様で毎日刺激的で、退屈するヒマもありません。

おわりに

おどかすような話もたくさんしてきましたが、それでもやっぱり、夜の街は悪いものではありません。

何しろ、夢が詰まっています。

暗闇でしか生きられない男や女が、その暗さゆえに輝ける――お天道様《てんとうさま》が昇るまでの短い時間ではありますが――そんな場所はキャバクラのほかには、なかなかありません。

キャバクラは、男と女の出会いのワンダーランドでもあります。

お客様にとってはもちろん、キャストの女の子たちにとっても、それは同じです。

夜ごと数々の人と出会い、そうした中で人間が揉まれて成長してゆくのです。

ゴミ部屋で飼い猫の抜け毛まみれで暮らしていた女の子が、キャバを引退して街を離れて、どうしているのかと思ったら、ふいに連絡を寄こしたりすることがあります。

相変わらずの子もいますが、いいお母さんになっている子もいます。

ブログなんかを見ましたら、典型的なダメ女だった子が、やれ「今日は子供のためにどんなお弁当を作った」とか。電話やメールでは「ウエスギ社長とお店のおかげで、あたしもまともになれました」なんて一丁前のことを言うようになっていたりもするものです。

そう言えば、整形を暴露されて、街から姿を消した景子。彼女も数年は消息が知れませんでしたが、ついこの前、手紙を送って来ました。銀座の一角に、ちょっとした店をまかされているそうです。デキる女は何をやらせても違います。

と、まあ、そんなこんながあるたびに、「ああ、この仕事をやっていてよかったなぁ」と思ったりもします。こういう仕事をしていると人間の嫌な部分を見せつけられることも少なくありませんが、「でも、やっぱり夜の街も捨てたもんじゃないなぁ」と。


個人的な思い出話は、これくらいにしておきましょう。

ここまでお付き合いいただきまして、ありがとうございます。さあ、このページを閉じたら、今宵アナタも夜の街へ繰り出してみてはいかがでしょう？　良いことか悪いことかはともかくとして、必ずや、おもしろい何かと出会えることでしょう。

それでは従業員一同、心よりお待ち申し上げております。

……あっ、ただし、身の安全とお財布にだけは、くれぐれもご注意ください――。

■ **著者紹介**
A・ウエスギ
十代で水商売の世界へ足を踏み入れて20数年。現在は首都圏某所にて、2軒の大箱キャバクラ店を軸に、いくつかの小箱やクラブ、バーを経営するお水の世界の実業家。同時に、水商売専門の経営コンサルタントとしても活躍。これまでに手がけた店は数知れず。育てたキャバ嬢の数は4000人を超える。

石原行雄（いしはら・ゆきお）
文筆業。ノンフィクションを中心に執筆。売買春、麻薬密造、自殺、戦場……と、命を作る現場から命が消える現場まで、国内外で数々の突撃／潜入取材を敢行。著書に『本当に買える海外通販アイテム大全』、『アジア売春街と麻薬地帯 体験記』（ともにデータハウス刊）、『自殺ドミノ』（晋遊舎刊）、『アウトローたちの履歴書』、『ヤバい現場に取材に行ってきた！』（ともに彩図社刊）、など。
公式サイト　http://www008.upp.so-net.ne.jp/ishihara-yukio/

客には絶対聞かせられない
キャバクラ経営者のぶっちゃけ話

平成26年6月25日 第1刷

著　者　A・ウエスギ／石原行雄

発行人　山田有司

発行所　株式会社　彩図社
東京都豊島区南大塚3-24-4
MTビル　〒170-0005
TEL:03-5985-8213　FAX:03-5985-8224
http://www.saiz.co.jp
http://saiz.co.jp/k（モバイルサイト）→

印刷所　新灯印刷株式会社

 ISBN978-4-88392-998-6 C0195